कथा शकुंतला की

[नाटक]

कथा शकुंतला की

राधावल्लभ त्रिपाठी

राधाकृष्ण प्रकाशन

ISBN : 978-81-8361-939-4

कथा शकुंतला की

पहला संस्करण : 2020

मूल्य : ₹395

प्रकाशक
राधाकृष्ण प्रकाशन प्राइवेट लिमिटेड
जी-17, जगतपुरी, दिल्ली-110 051

शाखाएँ : अशोक राजपथ, साइंस कॉलेज के सामने, पटना-800 006
पहली मंजिल, दरबारी बिल्डिंग, महात्मा गांधी मार्ग, इलाहाबाद-211 001
36 ए, शेक्सपियर सरणी, कोलकाता-700 017

वेबसाइट : www.radhakrishnaprakashan.com
ई-मेल : info@radhakrishnaprakashan.com

मुद्रक : बी.के. ऑफसेट
नवीन शाहदरा, दिल्ली 110 032

KATHA SHAKUNTALA KI
Play by Radhavallabh Tripathi

नाटककार की ओर से

शकुंतला की कथा सबसे पहले महाभारत में आती है। पद्मपुराण तथा दूसरे पुराणों में भी इसका परवर्ती रूप मिलता है। इसे आधार बनाकर कालिदास ने अभिज्ञानशाकुंतल नाटक लिखा। कालिदास ने अपनी कल्पना से मूल कथा में फेर बदलकर इसे जो सुंदर रूप दिया है, उसकी बजाय शकुंतला की मूल कथा, जो अपने अनगढ़ रूप में महाभारत में है, वह आज की हमारी चेतना और संवेदना के अधिक निकट है।

परन्तु वास्तव में तो शकुंतला की कथा जिस काल की है, महाभारत उसके बहुत बाद में रचा गया। शकुंतला की कथा वेदों के समय की कथा है, इसके पात्र वैदिक काल के हैं। विश्वामित्र तथा कण्व वैदिक ऋषि हैं, विश्वामित्र ऋग्वेद के संपूर्ण तीसरे मंडल के द्रष्टा हैं। वे भरतों (भरत के अनुयायियों या वंशजों, भरत जाति के लोगों) की सहायता करते हैं। दुष्यंत के पुत्र भरत का उल्लेख वेदों में है। महाभारत में भी यह कथा जब कुछ शताब्दियों के बाद जोड़ी गई, तो मूल कथा में कुछ फेरबदल हुआ होगा। महाभारत के समय में कही गई एक प्राचीन कथा का जो मूल वैदिक रूप रहा होगा, प्रस्तुत नाटक में उसकी एक परिकल्पना की गई है। कालिदास ने महाभारत की कथा में अपनी कल्पना से चार चाँद लगा दिए। यह सारा सौंदर्य सामंतीय समाज के मूल्यबोध से उद्‌भूत है। महाभारत की कथा का भी जो वैदिक मूल रूप रहा होगा, वह हमारे आदिम समाज के मूल्यबोध से जुड़ा रहा होगा।

यह नाटक महाभारत के कुछ और पहले जाकर वैदिक समाज में शकुंतला को फिर से खोजने का प्रयास है, जहाँ से शकुंतला की कहानी वास्तव में शुरू हुई। यहाँ शकुंतला की कथा उस काल में निरूपित की गई है, जिसमें वैदिक समाज उत्तरवैदिक समाज में रूपांतरित हो रहा था।

कालिदास के नाटक की पोथियों में नायक का नाम ज्यादातर 'दुष्यंत' लिखा हुआ है, और यही नाम चल पड़ा है, जब कि महाभारत तथा वैदिक साहित्य में मूल नाम 'दुष्षंत' है, अतएव मैंने 'दुष्यंत' के स्थान पर 'दुष्षंत' नाम ही रखा है। कालिदास के अद्‌भुत अनोखे कल्पना लोक से कथा को मुक्त करके उसके वास्तविक धरातल पर लाने का भी यहाँ प्रयास किया गया है।

मूल कथा का समाज एक मातृसत्ताक समाज है, जिसमें लड़कियों को अपना साथी चुनने उससे सम्बन्ध बनाने की छूट है, इसलिए शकुंतला दुष्षंत से स्वयं सम्बन्ध बना लेती है।

नवजात शकुंतला की रक्षा करने वाले पक्षी गीध हैं—इस तथ्य तथा वैश्विक मिथकशास्त्र में गीध की अवधारणा की ओर ध्यान आकर्षित करने के लिए मैं प्रोफेसर आलोक भल्ला का कृतज्ञ हूँ। ऋग्वेद के एक कवि ने भीषण अकाल का वर्णन किया है। वह कहता है कि मैंने भूख से बिलबिलाकर मरे हुए पशुओं की अंतड़ियाँ निकालकर खाईं, किसी देवता ने आकर मेरी सहायता नहीं की। मैंने अपनी आँखों से अपनी पत्नी की लज्जा लुटते हुए देखी। अन्ततः केवल गीध थे जिन्होंने जल बरसाया।

अवर्यानशुनि अंत्राणि पेचे देवेषु विविदे मर्डितारम्।
अपश्यं जायां अमहीयमानां अधा मे श्येनः मधु आ जभार॥

(ऋ. 4.18.13)

इस नाटक में भूख, अकाल और दुर्भिक्ष की चर्चा है, वह वेद के ऐसे प्रसंगों पर आधारित है।

भानु भारती के साथ हुई चर्चाओं के कारण ही यह नाटक

आकार ग्रहण कर सका और इस रूप में सामने आ सका। उनके दिए सुझावों के लिए कृतज्ञ हूँ।

यह नाटक शकुंतला की कथा है, पर मेरी दृष्टि में इस पूरे नाटक की नायिका अरण्यानी है, जो मंच पर प्रवेश नहीं करके भी इसमें निरंतर उपस्थित है। अरण्यानी, उषस् और रात्रि के सूक्त इन्हीं शीर्षकों से ऋग्वेद में प्राप्त सूक्तों से प्रेरित स्वतंत्र रचनाएँ हैं। द्वा सपर्णा सयुजा सखाया—प्रस्तावना में पढ़ा जाने वाला यह मंत्र ऋग्वेद (1.164.20) तथा अथर्ववेद (9.9.20) में आया है। विश्पला के युद्ध में सम्मिलित होने, उसकी टाँग कट जाने और अश्विनीकुमारों का उसके लिए लोहे की टाँग लगाने का उल्लेख ऋग्वेद (1..112.10, 1.116.15 तथा 2.118.8) में है।

—राधावल्लभ त्रिपाठी

पात्र

सूत्रधार : पारिपार्श्विक--सूत्रधार के सहायक, ये जटायु और संपाति की भूमिका भी करेंगे

दुष्यंत : पुरुवंश का राजा

वसुमती : दुष्यंत की रानी

वितानिनी : वसुमती की मुँहलगी

सुरंगमा, सुगंधा, अर्गला : दासियाँ

देवरात : पुरोहित

सुनास : दुष्यंत का पहला मंत्री

विकर्ण : दुष्यंत का दूसरा मंत्री

शक्तिभद्र : दुष्यंत का सेनापति

वसंतक : विदूषक

परिघ : प्रहरी

अर्गला : प्रतीहारी

चषक : प्रतीहार

भषक : संदेशवाहक

सैनिक, दो वैतालिक या कवि

चामर डुलाने वाली स्त्रियाँ

सामंत

ब्रह्मचारी : 10

पाँच बालक

पाँच बालिकाएँ

तुर्फरी : मृगया में साथ चलने वाली युवती

जर्फरी : मृगया में साथ चलने वाली युवती

विश्पला : वनग्राम की मुखिया
निम्बा, शिम्बा : विश्पला की बेटियाँ
माषीण, कारु, यवस : वनग्राम के निवासी
करम्भक : वनग्राम का निवासी, करटक और दमनक का भेदिया
करटक, दमनक : हस्तिनापुर के व्यवसायी, धनसागर के कारिंदे
गरुड़
संपाति तथा जटायु : गीध
मेनका
विश्वामित्र
इंद्र
सिंहशावक

मंच तीन हिस्सों में विभाजित होगा—बाईं और दाहिनी ओर के दो पार्श्व तथा इन दोनों के बीच का मध्यभाग। मध्यभाग सम्मुख और पीछे के दो हिस्सों में बँटा होगा। सम्मुख या रंगपीठ पर हस्तिनापुर के अंतर्गत राजप्रासाद का दृश्य होगा पीछे के भाग या रंगशीर्ष पर अंतःपुर और प्रमदवन का। इस भाग का उपयोग पहले अंक में अरण्यानी (जंगल) के कुछ दृश्यों में भी किया जाएगा। बाईं ओर के भाग में अरण्यानी का दृश्य तथा दाहिनी ओर के भाग में आश्रम का दृश्य होगा।

पहला अंक

[नेपथ्य से]

द्वा सपर्णा सयुजा सखाया समानं वृक्षं परिषस्वजाते।
तयोरन्य: पिप्पलं स्वाद्वत्त्यनश्नन्नन्यो अभि चाकशीति॥

[इस मंत्र के पाठ के दौरान सूत्रधार अपने दो सहायकों के साथ प्रवेश करता है। एक के हाथ में भृंगार या जल का पात्र तथा दूसरे के हाथ में जर्जर या पताकाओं से बँधा बाँस का डंडा है।]

सूत्रधार : दो पक्षी। दोनों एक दूसरे के संगी। एक पेड़ की डाल पर बैठे हुए। पर एक पेड़ के सुस्वादु फल खाए चला जा रहा है, दूसरा बस देख रहा है। देवियो और सज्जनो! यह संसार ऐसा ही है। कुछ लोग खा रहे हैं, कुछ लोग केवल देख रहे हैं। पर हमें तो नाटक में दोनों की आवश्यकता है, जो देखें भी और आनंद भी लें। तो मेरे ये दोनों साथी दो पक्षी बन जाएँगे। एक देखता है एक भोगता है। पर दोनों में अंतर नहीं है, समझ लीजिए दोनों सहोदर भाई हैं। एक संपाति और दूसरा जटायु। *(दोनों सहायकों से)* चलो-चलो तुम लोग, अपनी भूमिका में उतरो।

[दोनों पारिपार्श्विक मंच पर चक्कर लगाते हुए भृंगार और जर्जर अलग-अलग कोनों में रख देते हैं। भृंगारधारी संपाति और जर्जरधारी जटायु की भूमिका में उतरता है। दोनों पहले मध्य भाग पर पीछे से

उतरते हुए उड़ान की मुद्रा में रंगपीठ पर आते हैं। जटायु पेड़ के पास जाकर कुछ खाने का अभिनय करता है।]

संपाति : अरे जटायो!

जटायु : क्या बात है बड़े भैया!

संपाति : अरे तू कब तक खाता ही रहेगा...खाता ही रहेगा...

जटायु : बड़े भैया, मैं खा रहा हूँ आप देखिए। आपका काम देखना भर है, मेरा काम है खाना। आप द्रष्टा हैं, मैं भोक्ता। पर आप चिंता क्यों कर रहे हैं? मुझ में और आप में अंतर ही कहाँ है? जो देखता है, वह भोगता भी है।

संपाति : रहने दे, रहने दे! ज्यादा ज्ञान मत बघार। पेट भरा हुआ है, इसलिए ज्ञान की बातें सूझ रही हैं। चल आ हम लम्बी उड़ान भरें, हम संसार को ऊपर-ऊपर से देखें...

जटायु : बड़े भैया! आज किधर की उड़ान भर रहे हो?

संपाति : आ मेरे साथ आ! आज हम लम्बी उड़ान भरकर जहाँ पहुँचेंगे वहाँ एक बड़ा नाटक खेला जाएगा...

जटायु : नाटक? मुझे बहुत अच्छा लगता है नाटक! क्या हमारी भी भूमिका उस नाटक में होगी?

संपाति : क्यों नहीं, क्यों नहीं...हम ठहरे गीध...हमारी भूमिका तब आती है, जब मनुष्यों पर संकट आता है। जब कोई मानवी किसी राक्षस से हरी जाए, तो हम बचाने आते हैं, जब लोग रास्ता भूल गए हों, तो हम रास्ता बताने आते हैं। हम इस सृष्टि को सड़ाँध से और दुर्गंध से मुक्त करने की भूमिका निभाते आए हैं। वही हमारी भूमिका होगी।

[दोनों उड़ान भरते हुए अलग-अलग दिशा में चले जाते हैं, फिर एक-दूसरे के निकट आते हुए ये संवाद बोलते हैं]

संपाति : जटायो! जटायो!! कहाँ हो तुम?

जटायु : बड़े भैया, मैं इधर हूँ, इधर कोई गहन वन है हमने अभी तक यह नहीं देखा!

संपाति : मैं जानता हूँ यह द्वैत वन है। हम यहीं उतरेंगे।

जटायु : *(नीचे देखने का अभिनय करके)* पर यहाँ तो हम से पहले हमारा कोई भाई आ पहुँचा।

संपाति : *(देखकर)* अरे! ये तो गरुड़ हैं।

[गरुड़ का प्रवेश]

संपाति : जटायो, हम उनकी वंदना करेंगे। ये सुपर्ण हैं, ये विनता के नंदन हैं, ये निखिल जगत् के पालनहार विष्णु के वाहन हैं।

[दोनों गरुड़ के पास पहुँचकर प्रणाम करते हैं]

गरुड़ : अरे संपाति और जटायु! तुम लोग किधर चले?

संपाति : भगवन्, हम लोग तो द्रष्टा हैं। इस धरती पर जो नाटक चल रहा है, हम उसे देखते रहते हैं।

गरुड़ : देखना नहीं, तुम्हें नाटक में हस्तक्षेप करना होगा। पर पहले देखो, देखो और प्रतीक्षा करो। प्रतीक्षा करो और साक्षी बने रहो। देखना, प्रतीक्षा करना और साक्षी बने रहना यह भी सृष्टि के इस नाटक में हमारी एक बड़ी भूमिका है।

जटायु : भगवन्, कहाँ जाना होगा हमें अपनी भूमिका निभाने?

गरुड़ : जाओ उधर एक गहन वन है—द्वैत वन। उसमें जाओ। मेरे पंखों की छाया तुम पर रहेगी। हम सब साथ हैं इस सृष्टि के नाट्य में।

[तीनों उड़ने की मुद्रा में परिक्रमा करते हैं।]

जटायु : भैया, नीचे धरती पर कुछ दिख रहा है?

संपाति : हाँ! धरती पर गहन वन है। हम उसमें छिपकर रहेंगे। जब हमारी भूमिका आएगी तब हम प्रकट होंगे।

जटायु : वह तो ठीक है, मैं नीचे जो दो छायाएँ दिख रही हैं, उनकी कह रहा था...

संपाति : वे छायाएँ? वे स्वार्थी मनुष्य हैं। वे करटक और दमनक हैं। वे अमृत में विष घोलने पहुँच जाते हैं।

जटायु : ओह, धर्म के भीतर राजनीति...तब तो अच्छा खेल होगा...

संपाति : आओ हम नीचे उतरते हैं...

[दोनों उड़ते हुए धरती पर नीचे उतरने की मुद्रा में मंच पर परिक्रमा करते हैं। गरुड़ उनके पीछे रहते हैं। दूसरी ओर से करटक और दमनक आशंकित और चौकन्ने रहकर आसपास देखते हुए आते हैं।]

करटक : दमनक, तुमने देखा? डरावना जंगल! अनमना जंगल! घना जंगल! घिनौना जंगल...

दमनक : चुप कर! चुप कर! यह अनुप्रास लड़ी जमाने, शब्दों की झड़ी लगाने और कविता की कड़ी मिलाने का समय नहीं है। यह जंगल...जिसे ये असभ्य लोग...ग्राम में रहने वाले लोग...अरण्यानी, अरण्यानी कहकर पूजते हैं। हमें इनको सुधारना है, इनको सभ्यता की धारा में लाना है और...*(फिक्क से हँसकर)* सही बात तो यह है कि इनका दोहन करना है हमें—इस वन का उपयोग हस्तिनापुर के विकास के लिए...

करटक : हस्तिनापुर के विकास के लिए या हमारे सेठ धनसागर को और धनी बनाने के लिए?

दमनक : एक ही बात है...धनसागर के पास जो धन का सागर है, वह राज के विकास में भी तो लगता है...

करटक : हाँ, और जब उनके धन का कोश इतना भर जाता है, तो वह छलकने लगता है, उसके छलकने से होने वाली धनवर्षा के कुछ छींटे हमारे जैसे लोगों पर भी पड़ जाते हैं...उन्होंने तो प्रस्ताव किया ही है न कि इस द्वैतवन में एक पांथशाला बनवा देंगे...यहाँ दस-बीस प्रपामंडप होंगे, यहाँ दीन, हीन दरिद्र लोगों के लिए एक स्नानागार होगा...और भी बहुत कुछ जिससे ये लोग सभ्य बन

सकें...क्या विचित्र लोग हैं यहाँ के!...अरे! जंगल की भी पूजा करते हैं!

दमनक : जंगल की ही नहीं, ये लोग जंगल में जो पहाड़ हैं न, इनको भी पूजते हैं! पत्थरों को भी पूजते हैं और पेड़ों को भी...इनको सुसंस्कृत बनाने में बहुत समय लगेगा मित्र!

करटक : पर हम अपना काम करें—हमें तो लकड़ी चाहिए इस वन से—देवदारु की लकड़ी सबसे अच्छी होती है...

दमनक : फूँक-फूँककर पाँव रखना होगा—खतरा भी है—यहाँ के लोग—बताया था न करंभक ने कि पेड़ काटने पर दोनों हाथ काट देते हैं! यहाँ से—कंधों से काटते हैं *(इशारा करके)* यहाँ से खच्च से काट देते हैं! कोहनी से नहीं काटते क्यों कि कोहनी के आगे बनावटी हाथ लगाने वाले वैद्य हैं यहाँ...

करटक : क्या कह रहे हो...इन लोगों के पास यह कला है?

दमनक : हाँ...हैं तो ये लोग आदिम, बर्बर, असभ्य अशिक्षित...पर कई कलाएँ जानते हैं...इसलिए सँभलकर रहना चाहिए भाई इनसे—इनके हाथ-पाँव कट गए तो इनके वैद्य कृत्रिम हाथ, कृत्रिम पाँव लगा देते हैं, ये लोग लोहा पिघलाकर इससे कृत्रिम अंग बना लेते हैं—

करटक : वह हमारा मित्र करंभक...उसका भी तो हाथ कटा है, पर उसका कृत्रिम हाथ क्यों नहीं लगाया...

[करंभक का प्रवेश। दाहिना हाथ कटा हुआ है। डरा हुआ दिखता है]

दमनक : लो, चर्चा कर रहे थे इसकी और आ ही गया यह लूला! अरे करंभक किधर चले?

करंभक : पल्ली के लोग पहाड़ पूजा के लिए जा रहे हैं, मैं तुम लोगों को बताने आया था कि सावधान रहना...अभी इधर से निकलेंगे, यदि तुम लोगों को देख लिया तो...

करटक : पहाड़ पूजा—पहाड़ की भी पूजा करते हैं ये लोग?

करंभक : हाँ, कातिक की अमावस के दूसरे दिन पहाड़ पूजा होती है...

दमनक : तो तुम को हम लोगों के काम का ध्यान है न?

करंभक : हाँ हाँ! पर अभी तुम लोग कहीं छिपकर रहो...इधर ही आ रहे हैं पल्ली के लोग...

[निम्बा, शिम्बा, माषीण, यवस्, कारु और साथ में कुछ स्त्री-पुरुषों की टोली हाथों में पूजा के थाल, मालाएँ लिये निकलती हैं।]

सब एक साथ : अरण्यानी! अरण्यानी!!
तू है निर्भय, निर्विकार तू जन-जन की रक्षक
तू हम सब की सदा स्वामिनी, हम हैं तेरे सेवक
तू शक्तिमयी, अनुरक्तिमयी तू आनन्दमयी है
हर इक संकट में माँ! हमने तेरी बाँह गही है।
अरण्यानी! अरण्यानी!!
चूल्हें जलने वाली लकड़ी तू हम को देती
मधुर फलों से हम सब को मधुमय कर देती
मधुमय सूरज और चंद्रमा चमकें तेरे ऊपर
मधु बरसाता नभ का छाता छाया करता तुझ पर।
अरण्यानी! अरण्यानी!!
तू इन ऊँचे-ऊँचे पेड़ों से नभ को छू लेती
मेघों को न्यौता दे देकर भू को सरसा देती॥
तेरे जंगल, तेरे झरने, पर्वत नदियाँ तेरी
कितने-कितने रूपों में झाँकी सजती रहती तेरी
अरण्यानी! अरण्यानी!!
झिल्ली की झंकार जोर से यह साँडों का डकराना
सिंहों का गर्जन, नाद गजों का यह सब तेरा गाना
एक साथ वीणाएँ, ढोल-मँजीरे-बाँसुरी बजाती
तू अपनी स्वरलहरी से नित हर एक हृदय हर्षाती
अरण्यानी! अरण्यानी!!

सारे विघ्नों को दूर भगा दे अँधियारे को कर दे दूर
तू हम को मधु दे, लाक्षा दे, सुख हम को दे भरपूर
हम सब हैं तेरी संतानें तू हमें अभय दे
अपने भीतर का हम को सब वह मधु अक्षय दे
अरण्यानी! अरण्यानी!!
इस जंगल के चप्पे-चप्पे में तू है सदा समाई
इसके भीतर से झलक कभी जाती है तेरी काया
सदियाँ बीतीं, जो अब तक न कभी कम होने को आई
बनी रहे हम सब पर तेरी सदा-सदा वह माँ छाया।
अरण्यानी! अरण्यानी!!

[नृत्य करते हुए निकल जाते हैं]

करंभक : मैं उन लोगों में मिल जाता हूँ जिससे उन्हें संदेह न हो... *(प्रस्थान)*

करटक : यह करंभक उसी कारण से लूला है...जो तुम कह रहे थे?

दमनक : वही तो कह रहा था न...इसका एक हाथ काट दिया गया, यह धूर्त है...यहाँ किसी लड़की पर मन आ गया था, उससे जोर जबरदस्ती करने पर *(हाथ काटने का इशारा करता है)*...उसका हाथ कंधे से नहीं काटा, कोहनी से काटा है...पर उसके लिए कृत्रिम हाथ नहीं बनाने दिया...हमारे हाथ-पाँव यदि इन्होंने काट दिए, तो कौन लगाएगा कृत्रिम अंग हमारे...वह विश्पला है न! यहाँ की मुखिया! यहाँ उसका राज चलता है...कहने को यह वन हस्तिनापुर की सीमा में है, और हम मानते भी आए हैं कि यहाँ पुरुवंश के सम्राट् चक्रवर्ती महाराज दुष्यंत का शासन है, पर शासन... *(एकदम से आवाज धीमी करके)* उनका यहाँ है नहीं...

[करटक का उसकी बात पर ध्यान नहीं है, पेड़ों को ललचाई दृष्टि से देखता रहता है]

करटक : अच्छा है...

दमनक : क्या ?

करटक : जंगल—भरपूर काष्ठ—हस्तिनापुर में कितने ही राजप्रासाद बनवा दूँगा...

[दोनों घूमते हुए मंच के आगे के भाग पर आते-जाते हैं]

करटक : पहले तो देखना है कितनी और किस तरह की कुल्हाड़ियाँ लानी पड़ेंगी, हम दस गाड़ियों में लादकर ले जाएँगे लकड़ी—उसके बाद पांथशाला और स्नानागार वनविहार आदि के लिए भूखंड साफ कराना...

दमनक : वह सरल काम है...चार महीने के बाद भीषण गर्मी पड़ेगी—...जब ऊपर सूरज का गोला तपता हो, और जलता हो निदाघ में भूखंड, तब आग लगा दो इस वन में—अपने आप मिल जाएँगे हमें साफ भूखंड...

करटक : नहीं, आग लगाने की पद्धति पुरानी पड़ गई—इस वन में जो देवदारु हैं उनके काष्ठ का मूल्य तुम नहीं समझ रहे, वह सब जला देने के योग्य नहीं हैं, वह तो समझ लो सोना है...कहाँ है वह कुल्हाड़ी, जो साथ लाए थे ?

दमनक : बहुत मजबूत पेड़ है—पाँच जन इधर, पाँच जन उधर अरित्र से काटेंगे, तब कटेगा...कुठार से काम नहीं चलेगा। वैसे परीक्षण के लिए कुठार रखकर तो लाया था...यह रहा मेरे स्यूतक में! *(कुल्हाड़ी निकालकर देता है।)*

करटक : पर लकड़ी बहुत ही अच्छी है...मैं थोड़ा देखूँ हाथ साफ करूँ...

दमनक : सँभल कर! मैंने इतना जो सब कहा है उसे स्मरण रखना!! कहीं हाथ साफ ही न हो जाएँ!! *(हाथ काटे जाने का इशारा करता है)*

करटक : देखना तो चाहिए...

[कुल्हाड़ी चलाता है]

[नेपथ्य से विश्पला की आवाज—कौन है? अरे कौन है? कौन पेड़ काट रहा है?]

दमनक : तुमने कुछ सुना, दूर से कोई चिल्लाया है—

करटक : वनग्राम तो यहाँ से बहुत दूर है...और यहाँ कोई है नहीं...

दमनक : फिर भी रहने दो—कोई भरोसा नहीं—सावधानी तो रखनी ही पड़ेगी—यद्यपि श्रेष्ठी ने राजाज्ञा ली है—लकड़ी काटकर ले जाने के लिए—पर राजाज्ञा यहाँ चलती तो है नहीं...

[करटक पेड़ पर फिर कुल्हाड़ी चलाता है।]

[नेपथ्य से फिर विश्पला की आवाज—कौन है, अरे कौन है? कौन पेड़ काट रहा है?]

करटक : तुमने सुना? कोई स्त्री चिल्लाई!

दमनक : श्-श्-श्...भाग चलो!...संकट है! *(करटक का हाथ पकड़कर भागने की मुद्रा में तेजी से चक्कर काटता है।)*

करटक : क्या हुआ...भाग क्यों रहे हो...बात क्या हो गई...

दमनक : *(हाँफता हुआ)* यह आवाज सुनी? वह विश्पला होगी...

करटक : कौन विश्पला?

दमनक : *(तेजी से साँस छोड़ते हुए, रुक कर)* बताया न वह यहाँ की मुखिया है।

करटक : एक स्त्री और ग्रामणी? (खिलखिला कर हँसता है, दमनक उसका मुँह दबोचकर चुप करा देता है।)

दमनक : काटकर फेंक दिए जाओगे...गृध्रबलि हो जाएगी तुम्हारी...

करटक : वह क्या होती है?

दमनक : इस भयानक वन में गीध तुम्हारा शव खा जाएँगे—ये लोग गीधों के भक्त हैं—गीधों को बलि चढ़ाते हैं, पर मनुष्य को मारकर उसे गीधों को अर्पित कर देते हैं...यह विश्पला जो इन लोगों की मुखिया है, बहुत विकट स्त्री है। तुम्हें स्मरण है, दस वर्ष पहले विकट युद्ध हुआ है सीमांत के लुटेरों से—

करटक : हाँ!...

दमनक : वह उस युद्ध में सम्मिलित हुई थी!

[करटक खिलखिला कर हँसता है, दमनक उसका मुँह दबोचकर चुप कराता है।]

करटक : युद्ध में स्त्री! ...युद्ध न हुआ सुरतयुद्ध हो गया!!

दमनक : हँसी को बात नहीं है मूर्ख...इसमें कामसूत्र बीच में मत घुसेड़।

करटक : चलो मान लिया युद्ध में चली गई यह स्त्री, क्या नाम बताया? विषपला... ? फिर क्या किया युद्ध में पहुँचकर उसने—नाचने-गाने लगी..होगी...

दमनक : इस द्वैतवन के पश्चिम की ओर से होकर उत्तर में बढ़ते जाओ तो गांधार देश आता है, वहाँ से कुछ दस्यु इस गाँव तक घुस आए, यहाँ की स्त्रियों का अपहरण करके ले जाने लगे, विश्पला ने उन्हें पकड़ लिया और उनके हाथ काट दिए, कटे हाथों से वे अपने देश पहुँचे, तब दस्युओं की सेना ने इस गाँव पर आक्रमण कर दिया— लड़ाई हुई...स्त्रियाँ इस ग्राम की उसमें सम्मिलित हुईं विश्पला ने अगुवाई की...इस युद्ध में उसकी एक टाँग कट गई...पर दस्युओं को खदेड़ दिया!

करटक : पर लँगड़ी तो हो गई न!

दमनक : नहीं, वह दोनों पाँवों से ठीक-ठीक चलती है...यही चमत्कार है...

करटक : पहेलियाँ क्यों बुझा रहे हो?

दमनक : कोई पहेली नहीं...घुटने के नीचे अश्विनीकुमारों ने उसके लोहे की टाँग लगा दी। दिन में वह उसे पहनती है, रात को उतार देती है।

करटक : पाँव न हुआ ओढ़ने-बिछाने का कपड़ा हो गया *(खिलखिला कर हँसता है, दमनक करटक का मुँह दबोचता है।)*

[नेपथ्य से विश्पला की पुकार—माषीण! कारु! यवस!!]

दमनक : वह आ रही है। यहाँ से भाग निकलने में ही भलाई है। उसने देख लिया, तो समझ लो प्राणांत!

करटक : नाम भी अच्छा रखा है विषपला! विष में पली हुई है बिल्कुल!

[दोनों भागकर पेड़ों की ओट में छिपते हैं। विश्पला का प्रवेश। आयु सत्तर के आसपास। कद्दावर स्त्री है। आकर आसपास देखती है, फिर एक पेड़ के तने को सहलाती हुई आसपास खोजी दृष्टि से देखती है जमीन पर पाँवों के निशान देखती है, जिधर से करटक और दमनक भागकर गए हैं, उधर देखती रह जाती है। यकायक तेज स्वर में पुकारती है—माषीण! कारु! यवस!! कहाँ गए सब के सब!!]

[माषीण, कारु और यवस भागते हुए आते हैं]

तीनों एक साथ : हम लोग पहाड़ पूजा के लिए गए थे...लौटते में तुम्हारी पुकार सुनी...

[गायों का रँभाना]

माषीण : पता नहीं क्यों गाएँ इधर-उधर छिटक रही हैं!

विश्पला : छिटकेंगी न!—वे समझ लेती हैं, खतरा घुस आया है—तुम लोग नहीं समझोगे।

माषीण : क्या हुआ माँ? खतरा किस बात का?

विश्पला : यह देखो! ...*(पेड़ पर कुल्हाड़ी का निशान बताती है। माषीण, कारु और यवस झुककर देखते हैं।)*

विश्पला : दिखा?

माषीण, कारु और यवस : हाँ, दिखा...

विश्पला : फिर ?

कारु : मैं कह रहा था माषीण और यवस से कि बाहर के लोग घुस आए हैं ऐसा लगता है—ये लोग मान नहीं रहे थे। कहते थे सीमांत के दस्युओं को ऐसा खदेड़ा है माता की अगुवाई में, अब किसका साहस है कि हमारी बस्ती में घुसे...*(माषीण और यवस से)* अब देख लिया न!

यवस : देखा न! देवदारु पर चोट करके गया है!

विश्पला : गया नहीं!...गए हैं। दो लोग हैं कम से कम। ये देख रहे हो पाँवों के निशान ? इधर से भागे हैं...पकड़ लेना है...उसके पहले पेड़ पर लेप लगवा दूँ...शिम्बा को भेजती हूँ...पेड़ को चोट लगे तो कौन-सा लेप लगाना है...वह जानती है...

[जाती है।]

माषीण : *(कारु और यवस से)*—देखो तुम लोग, ये रहे उन दस्युओं के पाँवों के निशान...ये गए इधर से उधर...

[तीनों खोजते हुए बढ़ते हैं। करटक और दमनक उन्हें चकमा देकर दूसरी ओर मुड़ते जाते हैं]

कारु : कुछ समझ में नहीं आ रहा—कभी लगता है इधर से आए और उधर गए, कभी लगता है उधर से आकर इधर से निकल गए...

[तीनों करटक और दमनक जिधर मुड़े, उससे विपरीत दिशा में मंच के बाईं ओर की वन में चले जाते हैं। प्रस्थान। करटक और दमनक मंच के मध्यभाग में रंगपीठ पर पहुँचते हैं। उनके आसपास जटायु तथा पीछे गरुड़ आकर खड़े हैं।]

दमनक : *(हाँफते हुए)* बच गए...यदि पड़ जाते उन लोगों के हाथ न, तो नहीं रहते हमारे ये हाथ...

करटक : *(चिढ़ कर)* कुछ करना तो पड़ेगा...धर्मप्रिय सम्राट्

राजाधिराज दुष्यंत के राज्य में ये लोग अपना विधान अलग कैसे चला सकते हैं?

दमनक : यह स्थल इतना घना नहीं है...दूर आगे लगता है मैदान है सपाट...

करटक : उधर पेड़ पर वे दोनों गीध देख रहे हो?

दमनक : *(दूर देखने का अभिनय करके)* कहाँ-कहाँ—हाँ-हाँ अब दिखे! दिख गए—वाह, अरे! कितने बड़े-बड़े गीध—कितना अद्‌भुत! नगर में ले जाओ तो इन्हीं को तमाशा बनाकर दिखाओ और एक खेल हो जाएगा, हस्तिनापुर की जनता के लिए मनोरंजन!

करटक : गीध को पकड़ना आसान नहीं है...

दमनक : ये अँधेरे में नहीं देख पाते, थोड़ा झुटपुटा होने दो—हमारे साथ सौवीर है न, काना सौवीर! एक आँख से ही देखता है, पर पक्षी पकड़ने में तो बहुत ही दक्ष है, मैं उसे बुलाता हूँ...

गरुड़ : तू उसे बुलाएगा इसके पहले ही मेरे पंख के हल्के से धक्के से धराशायी हो जाएगा—तू भी और तू भी—यह ले—

[दोनों को अपने पंख का धक्का देते हैं, धरती डोलती-सी लगती है, तूफान का स्वर, करटक और दमनक चीखकर नीचे गिरते हैं।]

गरुड़ : इतना ही पर्याप्त है। इससे अधिक हस्तक्षेप मनुष्यों के संसार में ठीक नहीं। तो मैं जाता हूँ। संपाति, जटायु, अब तुम लोगों को यहाँ रहना है। *(प्रस्थान)*

करटक : *(कराहते हुए)* किसी ने बहुत बुरा प्रहार किया है...कोई भीमकाय दैत्य था...

दमनक : मुझे तो लगा कोई बादल कड़कता हुआ मेरी तरफ आया—अब करंभक का ही भरोसा है, ये लोग किसी तरह बस यहाँ से हमें निकालकर ले जाएँ...

[दोनों गिरते-पड़ते-लड़खड़ाते हुए प्रस्थान करते हैं।]

जटायु : भैया, हमारे पूज्य गरुड़ ने तो अद्‌भुत काम किया, हम यह काम नहीं कर सकते थे...

संपाति : हमारा काम अभी केवल देखना है...पर हमारी भी आवश्यकता पड़ेगी...वह देख, उधर क्या हो रहा है...

[विश्वामित्र और मेनका का प्रवेश। मेनका के हाथ में नवजात शिशु है।]

मेनका : मैं फिर कहती हूँ विश्वामित्र! इस शिशु को पालना तुम्हारा काम है...मैं इसे अपने पास नहीं रख सकती...

विश्वामित्र : और मैं भी नहीं रख सकता...

मेनका : तो फिर यह कहाँ रहे?

विश्वामित्र : यह सोचना तेरा काम है अप्सरे, एक तो तू ने मेरा तपोभंग किया...और यह आपदा मेरे सिर पर डालकर जाना चाहती है...

मेनका : स्त्री तो तुम्हारे लिए बस एक क्षेत्र है न...उससे मिलने वाले फल पर उसका अधिकार कहाँ...तो फल तुम्हारा है, तुम्हें इसको रखना होगा...

विश्वामित्र : तू मुझे धर्मशास्त्र सिखाएगी...धर्मशास्त्र हम बनाते हैं...तुम लोग नहीं! निकल जा, निकल जा! इस आश्रम की परिधि पर तेरी अपावन अमंगलमय छाया भी न पड़े...

मेनका : पर देवसमाज भी तो इसको स्वीकार नहीं करेगा...मैं इसे लेकर कहाँ जाऊँ?...

[दाहिने भाग में इंद्र का प्रवेश]

इंद्र : *(गूँजती हुई आवाज में)* मेनका मेरा आदेश है, तू देवलोक लौटकर आ, मृत्युलोक में तेरा काम समाप्त हुआ...

मेनका : क्षमा कीजिए देवराज, मुझे इस बच्ची के साथ देवलोक में रहने दीजिए...

इंद्र : नहीं...इसे लेकर तू नहीं आ सकती, वह मानवी है, उसका देवलोक में प्रवेश वर्जित है...तू इसे उस पेड़ के नीचे रख

दे...मैं कहता हूँ उसे छोड़ दे...

[मेनका रोती हुई शिशु को धरती पर सुलाती है, और उसके पास बैठ जाती है। देवदूत मेनका को पकड़कर ले जाते हैं।]

मेनका : ये लोग कहते हैं कि जिनका कोई नहीं, उनकी अरण्यानी है, वह असहायों को बचा लेती है, अरण्यानी केवल जंगल नहीं है, वह एक देवता है...हे माँ अरण्यानी! मेरी बेटी को बचाना!!

[नेपथ्य से अरण्यानी सूक्त का पाठ।]

अरण्यानी! अरण्यानी!!
तू है निर्भय, निर्विकार तू जन-जन की रक्षक
तू हम सब की सदा स्वामिनी हम हैं तेरे सेवक
तू शक्तिमयी, अनुरक्तिमयी तू आनन्दमयी है
हर इक संकट में माँ! हमने तेरी बाँह गही है।
अरण्यानी! अरण्यानी!!
असहायों की तू सहायता, तू दुष्टों की दमनी,
तू निर्बल का सम्बल, अनाथ जनों की जननी
हम को जो घेर रही है अँधियारे की कारा
उसे तोड़ने को तत्पर हमने तुझे पुकारा
अरण्यानी! अरण्यानी!!

[सूक्त के पाठ के साथ मेनका और देवदूत मंच पर परिक्रमा करते हुए चले जाते हैं।]

[शिशु के रोने का स्वर]

जटायु : बड़े भैया! तुमने कुछ सुना?
संपाति : क्या?
जटायु : कोई आवाज है, अलग तरह की आवाज—मुझे लगता है

यह उलूक है न—यह दुष्ट घूत्कार...हम लोगों से ठिठोली करने के लिए कभी-कभी मनुष्य की आवाज निकालता है—वही होगा यह—

संपाति : सूर्य के मंडल तक मैं उड़ता रहा, मेरी आँखों की ज्योति कम हो गई पर कान अभी भी काम करते हैं। तू यह बता किस दिशा से आवाज आ रही है—

जटायु : आवाज कुछ दूर से नीचे से आ रही है—

संपाति : मैं सुन रहा हूँ—यह किसी उलूक का स्वर नहीं, यह मनुष्य का ही स्वर है, मनुष्य में भी छोटे बालक का स्वर—नहीं छोटे बालक का भी नहीं—बस नवजात शिशु स्वर...शिशु भी एक बालिका है...

जटायु : कैसे जाना?

संपाति : उसके स्वर में वेदना है, करुणा है, पर जीवन की उत्कट अभिलाषा है, आशा है। स्त्री का रोना ऐसा ही होता है!

जटायु : हो सकता है...हाँ, अब तो मैं भी सुन सकता हूँ—भैया, मुझे लगता है वह शिशु—वह अकेला है, असहाय होगा—वह हमें सहायता के लिए पुकार रहा है!

संपाति : अकेली है और पुकार रही है...

संपाति : पहले तो देखना होगा कि वह है कहाँ?

जटायु : मैं देखता हूँ—मुझे इस वटवृक्ष के ऊपर उड़ान भरनी होगी, यह है न, पाँच कोस तक फैला है, और इतनी घनी फैल गई हैं इसकी शाखाएँ कि इसके कारण कुछ देख नहीं सकते...

[ऊपर उड़ने का अभिनय]

जटायु : बड़े भैया! तुमने देखा?

संपाति : मैं कैसे देखूँगा मूरख? मेरी दृष्टि काम नहीं कर रही...

जटायु : तो नीचे उतरो, अब देखो—दिखा?

संपाति : हाँ, अब देख सकता हूँ—कितनी सुंदर बच्ची है!

जटायु : तीखा घाम गिर रहा है उस पर इसलिए वह रो रही है, हम उस पर छाया करेंगे!

[दोनों बच्ची पर पंखों से छाया करते हैं।]

संपाति : समय पर आ गए हम...यह एक सियार अभी निकलकर गया है, इसकी चपेट में आ जाती यह नन्ही-सी शिशु...

जटायु : मुझे लगता है दो सियार थे!...बड़ी सुंदर सी बच्ची है! यह बड़ी होगी तब क्या स्मरण रखेगी कि हमने इसकी रक्षा की थी—

संपाति : हम गीध हैं, हमारी दृष्टि जितनी दूर तक जाती है हमारी स्मृति भी उतनी लम्बे समय तक बनी रहती है। स्मरण हमारा स्वभाव है, भूलना और भूल करते रहना मनुष्य का स्वभाव है। अब इस बिचारी ने तो मनुष्य की योनि में जन्म लिया है न.., मनुष्यों की स्मृति बहुत छोटी होती है... वे तो प्रेम करके भी भूल जाते हैं।

जटायु : भैया, तुम एक बात भूल रहे हो!

संपाति : क्या?

जटायु : मनुष्य की स्मृति छोटी होती है, भूलता भी बहुत है वह। पर उसे भविष्य की जितनी चिंता रहती है हमें नहीं रहती—यह बच्ची हम सब का भविष्य है...मुझे तो लगता है समय आने पर यह हमें—हम सबको बचाएगी—पर भैया, एक बात बताओ...

संपाति : पूछ भाई पूछ...!

जटायु : यह जो अभी-अभी जन्मी बच्ची, जिसको छोड़कर चली गई उसकी माँ इस जंगल में और अरण्यानी ने हमें पुकारा, हम उसकी रक्षा करने के लिए उड़कर चले आए—

संपाति : इधर-उधर की बात मत कर, जो पूछना है पूछ!

जटायु : मैं पूछना यह चाहता था कि यदि इस बच्ची की जगह कोई बच्चा होता, तो भी क्या मेनका उसे इसी तरह छोड़कर चली जाती?

संपाति : मेनका का तो मैं नहीं कह सकता...पर विश्वामित्र...वे जिस तरह इस बच्ची को अपने पास न रखने की जिद पर

अड़ गए, उसी तरह बच्चा होता तो उसे अपने पास रखने की जिद पर अड़ जाते...

संपाति : यह सब बातें छोड़! इस बालिका का सोच!...हम अपने पंखों की छाया से इसे तेज घाम से बचा लेंगे, वर्षा में पंखों का छत्र तानकर इसे भीगने न देंगे, शीत में अपने तन को इसके लिए ऊन का गुच्छा बना देंगे, पर इस बालिका की भूख हम कैसे मिटाएँगे?

जटायु : इसके लिए कण्व है न! हम उसे बुलाएँगे!

संपाति : ठीक कहा तूने! कण्व बहुत भला बालक है, ऋषि है, पर ये जो दूसरे ऋषि हैं, उनकी तरह नहीं है वह...उसने पहले भी ऐसी बालिकाओं को शरण दी है—तो बुला उसे!

जटायु : वह कौवों का स्वर समझता है—मैं कौवों को कहूँगा...

[पक्षियों की आवाजें, कलरव फिर सहसा कौवों की चीत्कार। ब्रह्मचारियों के साथ कण्व का प्रवेश]

कण्व : पक्षियों ने पुकारा था, इधर वे हमें बुला रहे थे!

ब्रह्मचारी : हम उधर ही चलेंगे...

[कण्व के साथ परिक्रमा करते हैं। कण्व पास पहुँचकर शिशु को उठाता है। दोनों गीध उनके पास आने पर दूर हटते जाते हैं और फिर चले जाते हैं।]

ब्रह्मचारी : अरे, ये पक्षी तो इस शिशु की रखवाली कर रहे थे!

कण्व : यह कोई बालिका है, इसकी माँ उसे यहाँ छोड़ गई है...मैं समझ गया, यह विश्वामित्र की बेटी है...हम इसे ले जाएँगे...

ब्रह्मचारी : हम इसे क्या नाम देंगे...इसका क्या गोत्र होगा...इसे पिता के नाम पर हम कुशिककन्या या मेनका के नाम पर...

कण्व : नहीं, इसका नाम शकुंतला होगा...क्योंकि शकुंत या गीधों ने इसकी रक्षा की...और उन्होंने इसे हमें सौंपा!

[ब्रह्मचारियों के द्वारा समूह गान, कण्व इसके साथ मंच पर परिक्रमा करता है।]

जीवन एक अगम जंगल है, जिसकी महिमा अनजानी
इसमें बसते भाँत भाँत कितने-कितने प्राणी
इसमें हिंसक संशय घोर प्रश्न और हैं व्यथाकथाएँ
इसमें गाए जाते छंद और कितनी गाथाएँ
इस जंगल में छूटीं कितनी-कितनी शकुंतलाएँ
हिंसक पशुओं से लील ली गईं कितनी बालाएँ
यह एक शकुंतला की है कथा जो जीवित रही
जीवन के जंगल में जिसने हर बाधा सही
जो जूझती रही अपने बूते पर अपने बल पर
जन्म उसी ने दिया भरत को, करके निर्द्वन्द्व समर।
कथा शकुंतला की।

दृश्य-2

[समय—पिछले दृश्य के थोड़ी देर बाद। प्रकाश मंच के बाएँ भाग पर केंद्रित होता है। विश्पला, निम्बा, शिम्बा, माषीण, यवस अलग-अलग कामों में लगे दिखाई देते हैं। शिम्बा हाथ की चक्की चलाती हुई बैठी है। निम्बा ओखली में कूटती हुई खड़ी है।]

विश्पला : निम्बा! यह मेरा पाँव ले जा...अभी तो इसको रख दे!

[पाँव उतारकर देती है।]

निम्बा : अब वह तुम्हारे नाप का नहीं रहा, पर पहनोगी फिर भी...पहनने पर पीड़ा होती है, तो क्यों पहनती हो और क्यों जाती हो दूर-दूर तक? और कहाँ चली गई थीं? हम लोग पहाड़ पूजने गए, तब तो साथ न चल पाई, और हम लोग लौटने को थे तब तुम कहीं निकल गई थीं! ऐसी क्या बात हो गई जो भोर होते ही उठकर चली गई थीं तुम?

विश्पला : कुल्हाड़ी के चलने की आवाज सुनाई दी...

निम्बा : सपने में सुनाई दी होगी—यहाँ कौन है, जो पेड़ों पर कुल्हाड़ी चलाए—

विश्पला : तू नहीं जानती—तू बड़ी भोली है—बाहर के लोग आते रहते हैं...अरे मैं तो दौड़कर गई—जिधर से आवाज आ रही थी—

निम्बा : फिर ?

विश्पला : नगर के लोग होंगे, ये लोग ही देवी अरण्यानी पर प्रहार करते हैं...

विश्पला : शिम्बा, अरे कोई गया कि नहीं देवदारु के पेड़ की मरहम-पट्टी करने।

शिम्बा : हो...कारु गया है, वही जानता है पेड़ों की मरहमपट्टी...

विश्पला : संकट कब सिर पर आ जाए कुछ कह नहीं सकते...तैयार रहना होगा...तुम लोग सब ढीले पड़ गए...घुसपैठिए कैसे चले आते हैं, तुम लोग चौकस क्यों नहीं रहते ?

निम्बा : सब ठीक हो जाएगा—कितना बोलती हो...

[ब्रह्मचारियों के साथ कण्व शिशु को हाथ में लिए इनके सामने से निकलते हैं]

विश्पला : *(कण्व से)* ए बच्चा! यह हाथ में क्या लिए जा रहा है ?

कण्व : इधर से निकला था—पुरखों ने पुकारा...

निम्बा : पुरखों ने और तुम को ? भैया! पुरखे कैसे पुकारते हैं ?

विश्पला : *(निम्बा से)* अरी पुरखे मतलब कौवे—यह तेरा भाई है न बड़ा पंडित बन गया है। कई ज्ञानियों की संगत की इसने—यह पंछियों की बानी भी समझ लेता है न! *(कण्व से)* तो क्या कहा पुरखों ने ?

कण्व : कोई शिशु हैं माँ—इसकी रक्षा करने के लिए वे कह रहे थे...मैं इसे ले आया...

विश्पला : ओह, छोटा सा बच्चा मिल गया मेरे बच्चे को!!...कहाँ से मिला ?

कण्व : मिली...अरण्यानी के ईशान कोण पर...

विश्पला : इधर ला! इधर ला!! अरे आज मुझे लग रहा था कि कुछ होने वाला है, भोर होने को थी कि मैंने गीध देखे, गीध तो देवता हैं, वे हमारे बीच ऐसे तो आते नहीं, वे आएँगे, उत्सव में, मंगल में या घोर अमंगल में, किसी का जन्म हुआ हो, मृत्यु होने वाली हो, संकट आने वाला हो...वे संकट ताड़ लेते हैं, वे हमें बचाने आते हैं।

कण्व : *(हाथ में लिये शिशु को विश्पला को दिखाता हुआ)—* देखिए माँ...

[निम्बा, शिम्बा, यवस, माषीण पास आकर देखते हैं]

निम्बा : कितनी प्यारी है न!

शिम्बा : ओ ले...ओ ले...कैसे ताक रही है टुकुर टुकुर...क्या भूख लगी है?

निम्बा : अरे, अरे, क्या तू भूखी है?

यवस, माषीण : इसे हम लोग पालेंगे, इसे हमें दे दीजिए...

विश्पला : चोप्प!

निम्बा, शिम्बा, यवस, माषीण : क्या हुआ माँ?

विश्पला : इसे हम सब मिलकर पालेंगे...

सब : हाँ, हम सब मिलकर इसे पालेंगे...

विश्पला : मुझे ऐसी ही एक बच्ची चाहिए जो मेरे बाद मुखिया बन सके...यह अरण्यानी की बेटी है...आगे चलकर यह हमें बचाएगी विपत् से...

कण्व : माँ, तुमने कहा है, तो यह सत्य होगा...

विश्पला : इस पल्ली के लोग आलसी होते जा रहे हैं, देवी अरण्यानी भरपूर फल-फूल सब दे देती है न...और सुरा पीकर पड़े रहते हैं। तू इसे इन लोगों की तरह मत होने देना, इसको धनुर्वेद सिखा...अपना सब ज्ञान भी दे...इसे लिखा-पढ़ा,

गुणी बना दे...मैं बूढ़ी हो गई कहाँ तक सँभालूँ...ये लड़कियाँ निम्बा, शिम्बा कोई तैयार नहीं हैं...

कण्व : ऐसा ही हो...मैं इसे आपकी सहायता से पालूँगा, इसे शिक्षा भी दूँगा, अब चलता हूँ...

विश्पला : सुन, वो जो बैद है क्या नाम है उसका... ?

कण्व : अश्विनीकुमार।

विश्पला : हाँ, वही...कितना लम्बा नाम रखते हो तुम लोग!

कण्व : कुछ काम था वैद्य से माँ?

विश्पला : अरे बच्चा! मेरा तो यह पाँव पिरा रहा है!

कण्व : यह तो लोहे का पाँव है माँ! इसमें कैसी पीड़ा?

विश्पला : इसके कारण पीड़ा है...ये लोग काम नहीं करने देते निठल्ली बैठी रहती हूँ, तो मैं मोटी हो गई...अब यह पाँव मेरे नाप से छोटा पड़ रहा है, पहनती हूँ तो गड़ता है घुटने में!

कण्व : अश्विनीकुमारों को साँस लेने के लिए भी समय नहीं मिल पा रहा...इतने दायित्व उन पर आ पड़े हैं...

निम्बा, शिम्बा : क्यों, क्यों?

कण्व : उत्तर की ओर जो पल्लियाँ हैं, उनमें तक्मा रोग फैल रहा है, स्त्री-पुरुष-बालक-वृद्ध मर रहे हैं, अश्विनी कुमार जानते हैं इस असाध्य रोग का उपचार...

विश्पला : अरे बच्चा! तो उन्हें फिर वहीं काम करने दे, मेरा क्या...मैं टूटे पाँव से ही काम चलाऊँगी...

कण्व : एक और वैद्य हैं माँ, नाम है धन्वंतरि...वे केवल औषधि देते हैं...वे मध्यदेश की ओर चले गए थे, उन्हें बुलाया है हमने...वे आ जाते हैं, तो अश्विनीकुमारों का काम सँभाल लेंगे, वे दोनों आप का काम कर देंगे...

विश्पला : तो इस बच्ची को अपने आशरम में रखोगे न?

कण्व : जैसी आप आज्ञा दें माँ...आश्रम आपके आदेश से चलता है...वहाँ और भी ऐसे शिशु हैं ही, उनके बीच यह पल जाएगी...एक बात कहनी थी...

विश्पला : क्या ?

कण्व : द्वैतवन पर संकट आ रहा है...हस्तिनापुर से शकट के शकट हमारे वन से काष्ठ ले जाते हैं। वृक्ष काट ले जाते हैं—यहाँ की स्त्रियों का अपहरण कर लेते हैं उन्हें दासी बनाकर रखते हैं...किरात और किरातिनें, किन्नर और किन्नरियाँ सहस्रों की संख्या में हस्तिनापुर में दास-दासियों का काम कर रहे हैं...

निम्बा : पर राजा ने हमारी बात मान ली थी और वचन दिया था...

कण्व : हाँ, हम लोगों ने सोचा था कि वन के काष्ठ ले जाने का काम बंद कर दिया गया है, पर नहीं, हस्तिनापुर के व्यापारी और नागरिक बहुत चालाक हैं, वे हिमालय की ओर चले जाते हैं, वहाँ देवतरुओं को काट-काटकर काष्ठखंडों का ढेर हिमसरिताओं के किनारे पटक देते हैं। ग्रीष्म में हिमसरिताएँ पिघलती हैं, वे काष्ठखंड बहते हुए नीचे मैदानों में चले जाते हैं, वे लोग बहुत चौकस रहते हैं, हिमालय की ढलानों पर लगे असंख्य पवित्र देवदारु के वन नष्ट हो गए...

विश्पला : बेटा तू ज्ञानी है, तू समझता है, इन लोगों को समझा! मूरख हैं...हाला पीकर पड़ जाएँगे तो उठेंगे नहीं! तू बता क्या करना है!

कण्व : अभी तो हम ध्यान रखेंगे, चौकस रहेंगे...

विश्पला : हाँ, चौकस रहना होगा। तू इस बच्ची को ले जा..वहाँ और भी लड़कियाँ हैं, यह वहाँ पल जाएगी...

(नेपथ्य से अरण्यानी सूक्त का पाठ)

चूल्हे में जलने वाली लकड़ी तू हम को देती
मधुर फलों से हम सब को मधुमय कर देती
मधुमय सूरज और चंद्रमा चमकें तेरे ऊपर
मधु बरसाता नभ का छाता छाया करता तुझ पर।
अरण्यानी! अरण्यानी!!

झिल्ली की झंकार जोर से साँडों का डकराना
सिंहों का गर्जन, नाद गजों का तेरा है गाना
एक साथ वीणा, ढोल मँजीरे बाँसुरी बजाती
तू अपनी स्वरलहरी से हर एक हृदय हर्षाती
अरण्यानी! अरण्यानी!!

[सबका प्रस्थान]

दूसरा अंक

[पहले अंक और इस अंक के बीच सोलह वर्ष का अंतराल है। समय—प्रभात। स्थान—हस्तिनापुर का राजप्रासाद। मंच के मध्य भाग पर पीछे की ओर अन्त:पुर का दृश्य। सुरंगमा और सुगंधा वाद्ययंत्र उठाती हुईं।]

सुरंगमा : मदनमहोत्सव का दिन है...आनंद कर! नाच गा!! ऐसी उदास क्यों है तू?

सुगंधा : हमारा क्या मदनमहोत्सव और क्या गायन क्या नर्तन...सब कुछ उनका है।

सुरंगमा : उनका किनका...

सुगंधा : जिनके लिए यह संगीत, राग रंग...कामदेव की अर्चना इन सबका आयोजन है...

सुरंगमा : हम भी तो हैं न इस सब में...अच्छा चल, चल उठा-उठा...ये मृदंग उठा...

सुगंधा : कहाँ से लाए होंगे लकड़ी?

सुरंगमा : लकड़ी? लकड़ी क्या?

सुगंधा : तू लकड़ी नहीं समझती...काष्ठ...काष्ठ...कहाँ से लाए होंगे...

सुरंगमा : हम लोग काठ कहते हैं...किस काठ की बात कर रही है तू?

सुगंधा : इसके लिए, मृदंग के लिए काष्ठ...कहाँ से लाए होंगे...

सुरंगमा : ओह! मृदंग बनाने के लिए काठ? अरे कुछ मत पूछ...सामान्य काठ नहीं लगता इसमें...हिमालय के पास के वनों से लाते हैं...

सुगंधा : तभी तो इतना भारी है...मृदंग न हुआ हिमालय ही हो गया...

सुरंगमा : पर बजता अच्छा है...देख...नाद निनाद ताल लयकारी देख।

[मृदंग पर थपकी देती है]

सुगंधा : ए, ए, ए...क्या करती है...

सुरंगमा : क्यों क्या हुआ?

सुगंधा : क्या तुझे अधिकार है इस मृदंग को बजाने का...

सुरंगमा : अरे अब हाथ ही तो लगाया है...

[नेपथ्य से समूह-गायन आवाजें]

सुरंगमा : अरे नीचे तो देख, नीचे राजमार्ग पर...चर्चरी जा रही है...

[स्वर तीव्र होते हैं]

सुरंगमा : अच्छा गा रहे हैं न...अरे उसे तो देख उसे...स्त्री के वेश में वह भाँड...कैसा मटक-मटककर नाच रहा है अच्छा नाच रहा है, ताल जानता है, हमारे गाँव में इस पर द्विपदी अलग तरह से गाई जाती थी...मैं गाकर बताऊँ?

सुगंधा : बता, बता...मैं नाचूँगी...

[दोनों गाती और नाचती हैं। कंचुकी शंकुक का प्रवेश]

शंकुक : ए मूर्खाओ, यह क्या हो रहा है? तुम लोगों को कुछ काम-वाम नहीं है...

सुरंगमा : काम ही कर रहे थे...कंचुकी महाराज...ये वाद्य ले जाना है न संगीत शाला में, इतना भारी है...दोनों मिलकर उठा रहे हैं...

शंकुक : हाँ, तो शीघ्रता करो...

सुगंधा : अरे शंकुक जी महाराज...आप तो जब देखो, तब डाँटते ही रहते हो!...आज तो मदनमहोत्सव का दिन है... आज क्रोध नहीं किया जाता...विशेष रूप से हमारी जैसी सुंदरियों पर!

[दोनों खिलखिलाती हैं]

शंकुक : अच्छा आज मदनमहोत्सव है...मैं तो भूल ही गया था...मेरी आयु अब नब्बे वर्ष से ऊपर हो गई...स्मृति अधिक काम नहीं करती...मैं अभी किस काम से निकला था...

सुगंधा : काम? आज के दिन क्या काम...आइए, आप भी हमारे साथ नाच लीजिए...

सुरंगमा : ना री ना...उन्हें कष्ट मत दे...वो आ रहा है न कुबड़ा कंदुक! हम उसके साथ नाचेंगे...

सुगंधा : वो तो कुबड़ा है...

सुरंगमा : अरी कुबड़ा है तो क्या हुआ...नाच लेता है...इन शंकुक महाराज से तो अच्छा ही है...

[नेपथ्य से हाथियों की चिंघाड़]

सुगंधा : अरे ऐसा लगता है जैसे हाथी घुस आए हैं हमारे महल में।

सुरंगमा : महल में नहीं...प्रमदवन में...वहाँ वह दारुपर्वत बन रहा है न...उसके लिए काठ के लट्टे हाथियों पर लादकर लाए जा रहे हैं...

सुगंधा : दारुपर्वत? वह क्या है?

सुरंगमा : दारुपर्वत नहीं जानती? लकड़ी का पहाड़!

सुगंधा : हाँ...मैंने भी सुना है कि एक नकली पहाड़ बनवाया जा रहा है। इस बगीचे में उधर जो लकड़ियाँ पड़ी हैं अमराई के आगे कुछ और कुछ आधे अधूरे ढाँचे बने हैं इसी के होंगे...

सुरंगमा : लकड़ियों की चट्टानें, लकड़ियों के पेड़, लकड़ियों की गुफाएँ, इतनी लकड़ियाँ कहाँ से आतीं...हस्तिनापुर में लकड़ियाँ कम पड़ गईं, तो आसपास के वनों से लकड़ियाँ मँगवाई जा रही हैं...आसमान तक ऊँचा पहाड़ बनेगा...

सुगंधा : जब बन जाएगा, तो हम उस पर चढ़कर स्वर्ग को निरखेंगे...

[दोनों खिलखिला कर हँसती हुई जाती हैं।]

शंकुक : चली गईं...अरे मैं किस काम से निकला था...हाँ, याद आ गया...शिल्पी देवदिण्ण मिलने के लिए बैठे हैं, महारानी वसुमती से...जाकर बता दूँ...किधर जाऊँ...देवी किधर होंगी...

[हाथ में फूलों की टोकरी लिए वितानिनी का प्रवेश]

यह वितानिनी जा रही है उनकी मुँहलगी दासी, इससे पूछता हूँ...ये वितानिनी, देवी वसुमती कहाँ हैं...उनसे एक शिल्पी मिलने आए हैं...

वितानिनी : देवी स्नान करके अपने कक्ष में ही बैठी हैं...ये मालाएँ मैं उन्हीं के लिए ले जा रही थी...

कंचुकी : मालाएँ किसलिए?

वितानिनी : आज मदनमहोत्सव है न! तो कामदेव और रति की पूजा के लिए...

कंचुकी : अरे हाँ! आज मदनमहोत्सव है!!

वितानिनी : चलती हूँ आज बहुत काम है...*(जाती है)*

कंचुकी : अरे, मैं इसी से कह देता कि देवी को बता दे शिल्पी देवदिण्ण उनसे मिलने के लिए बैठे हुए हैं...भूल ही गया...चलूँ स्वयं जाकर बता देता हूँ। *(प्रस्थान)*

[वसुमती का प्रवेश। एक आसन पर सिर झुकाए बैठी है। वितानिनी का प्रवेश।]

वितानिनी : देवी की जय हो! ये मालाएँ गूँथ लाई, देवी!...

वसुमती : अच्छा? फूल कहाँ से लिए?

वितानिनी : अपने प्रमदवन से ही तो! उद्यानपालिका से कहकर अभी तुड़वाए थे...पर्याप्त होंगे न...

वसुमती : पर्याप्त हैं...पूजक को बता दिया था?

वितानिनी : हाँ, स्नान के पश्चात् अंगराग लगा लेती आप...पूजक आने ही वाले होंगे...

[वाद्ययंत्र—मृदंग, वीणा, तानपूरा हाथों में उठाकर सुरंगमा, सुगंधा, अर्गला और दो अन्य स्त्रियाँ सामने से निकलती हैं।]

वसुमती : इन लोगों से पूछ ये वाद्य...किधर ले जा रहे हैं...

वितानिनी : *(हँसती हुई)* भूल गईं क्या देवी? आप ने ही तो कहा था चित्रांगद गंधर्व का गायन संगीतशाला में ही होगा, आपके अभ्यास के लिए जो वाद्य कल संध्या शयनकक्ष में लाए थे, उन्हें वापस संगीतशाला ले जा रहे हैं...कितने दिनों के बाद तो चित्रांगद आ रहे हैं...दो वर्ष पूर्व जब हम लोग आए थे यहाँ आप का विवाह सम्राट् से होने पर...तब उनका गायन हुआ था...

वसुमती : हाँ, उस समय उनका गायन सुना था...

वितानिनी : आपको उनका गायन इतना अच्छा लगा था तभी तो महाराज ने उन्हें आज फिर कहलवाया...

वसुमती : हाँ, उस समय तो अच्छा लगा था उनका गायन...

वितानिनी : सम्राट् का आप पर कितना अनुराग रहा है...

वसुमती : समय के साथ सब बदलता है वितानिनी!...बारह वर्ष बीत गए हस्तिनापुर में। काशी छूट गई...

वितानिनी : इतना समय हो गया हस्तिनापुर में...पर काशी की स्मृतियाँ नहीं छूटतीं न!

वसुमती : कैसे छूटेंगी...माता, पिता...परिवार...सखियाँ...फिर वहाँ की परंपराएँ...हस्तिनापुर की संस्कृति भी अलग है...काशी अलग है। तुझे अंतर नहीं लगता?

वितानिनी : मुझे क्या अंतर पड़ेगा महारानी...मुझे आपकी सेवा जैसी वहाँ करनी होती थी, सो यहाँ कर रही हूँ...

वसुमती : *(अपनी रौ में)* हमारी काशी महान् जनपद है...विद्या, कला, सारस्वतसाधना...शूरता सब में उत्तम...वह प्रकाशमान है इसलिए काशी कहते हैं उसको...शंकर के त्रिशूल पर टिकी हुई है काशी नगरी।

वितानिनी : सुनती थी यह बात पंडितों के मुख से काशी में...पर अचंभा होता था सुन कर...शंकर के त्रिशूल पर इतना बड़ा नगर कैसे टिक सकता है...

वसुमती : (हँस कर) तू नहीं समझेगी...ये आख्यानों के रहस्य...

वितानिनी : (मालाएँ बढ़ाती हुई) दोनों मालाएँ अच्छी गुँथ गई है न?

वसुमती : बहुत अच्छी गुँथी हैं...तू ने कहाँ से सीखा यह माला गूँथना?

वितानिनी : काशी में ही तो..आपको बताया था न...काशी की जो सबसे बड़ी गणिका थी—देवसेना—मैं उसकी सेवा में रही...

वसुमती : हाँ बताया था तूने...वहीं से तो तू काशी के अन्तःपुर में आई हम लोगों के पास...पर कैसे पहुँच गई वहाँ वेशवाट में...एक गणिका के घर...कभी विस्तार से सुनना है तेरी कथा...तू कहाँ-कहाँ रही है...कितना संसार तू ने देखा...

[कंचुकी का प्रवेश]

कंचुकी : जय हो देवी की...जय हो...शिल्पी देवदिण्ण उपस्थित हैं...देवी...

वसुमती : शिल्पी देवदिण्ण? उन्हें मुझ से कुछ कार्य था?

वितानिनी : *(हँसती हुई)* भूल गईं देवी! आपने ही तो बुलाया था...

वसुमती : मैंने...अच्छा...अरे हाँ...वह दारुपर्वत के निर्माण के विषय में...*(कंचुकी से)* शंकुक जी...उन्हें ले आइए...

[कंचुकी जाता है]

वितानिनी : कितना धीरे-धीरे चलते हैं कंचुकी शंकुक...नब्बे से ऊपर आयु हो गई होगी...

वसुमती : हाँ, मुझे एक बार बता रहे थे कि अस्सी वर्ष से वे राजसेवा में हैं...

वितानिनी : स्थपति देवदिण्ण भी बहुत बूढ़े हो गए...वो लकड़ी का पहाड़...मेरा आशय है देवी वह दारुपर्वत...बनाते हुए ही कितने वर्ष बीत गए...

वसुमती : पता नहीं कब पूरा होगा...अभी तो आरंभ तक नहीं हुआ...

वितानिनी : बस लकड़ियों के ढेर के ढेर पड़े हैं और कुछ ढाँचा बनाया है...

वसुमती : मुझे पर्वत बहुत अच्छे लगते हैं—मैं पिता के साथ एक बार हिमालय की यात्रा पर गई थी...मेरी इच्छा देखकर पिता ने अंत:पुर के प्रमदवन में दारुपर्वत बनवा दिया—दारुपर्वत पर हम घूमने चले जाते ऐसा लगता जैसे सचमुच के पर्वत पर आ गए...

वितानिनी : प्रमदवन का वह भाग जहाँ दारुपर्वत बन रहा है—वह तो देवी के इस वासगृह से भी दिखता है न...

वसुमती : हाँ...वातायन से मैं देख सकूँ इसलिए ऐसे स्थान पर उसे बनाया गया है पर अभी तो कुछ उस स्थान पर है ही नहीं...

वितानिनी : कुछ महीने पहले काष्ठ बहुत सारा लाया गया था द्वैत वन से...उसके बाद कुछ कार्य तीव्र गति से हुआ है...

वसुमती : अच्छा ? मैं तो कई महीनों से प्रमदवन गई ही नहीं...

वितानिनी : आप देख सकती हैं...यहाँ वातायन से भी दिखता होगा...

[वसुमती झरोखे से झाँकने का अभिनय करती है]

वसुमती : कहाँ कुछ दिखता तो नहीं...

वितानिनी : वहीं अभी तो उधर कचनार और चम्पा के बीच जो वेदी है उस के पीछे पर्वत बनाया जा रहा है। आपको और महाराज को प्रिय है न वह स्थान...

वसुमती : *(थके हुए स्वर में)* कभी था...अब तो कुछ अच्छा नहीं लगता...यह प्रमदवन...ये कचनार, चम्पा, यूथिका, मालती की लताएँ...कुछ अच्छे नहीं लगते अब...पहले ये बहुत अच्छे लगते थे...

वितानिनी : *(वातायन के बाहर संकेत करती हुई)* देखिए देखिए, वह तो दिख रहा है आधा बना हुआ दारुपर्वत...पूरा हो जाएगा तो सचमुच का पहाड़ ही दिखेगा...मेरा आशय है दारुपर्वत...

वसुमती : (वातायन से झाँकती हुई)...कुछ दिखता तो है नहीं...

वितानिनी : उधर देखिए न...फव्वारे के पीछे...

वसुमती : फव्वारा क्या होता है?

वितानिनी : आप लोग जिसे धारायंत्र कहते हैं...

वसुमती : ओह...उधर हाँ...वहाँ एक ढाँचा सा बना है, आसपास कुछ कुटीर भी...पर सब अधूरे तो हैं...

वितानिनी : शिल्पी जी की कल्पना है कि लकड़ी का पहाड़... या कहिए...दारुपर्वत बनेगा, तो उसके नीचे एक पल्ली भी हो...

वसुमती : पल्ली? वह क्या वस्तु है...

वितानिनी : वस्तु नहीं...पल्ली समझ लीजिए पहाड़ के नीचे छोटी-सी बस्ती...एक ग्राम...जंगल से घिरा हुआ...

वसुमती : ओह...कितना आकर्षक है...वनग्राम के विषय में बस सुना ही था...देख तो नहीं पाई...अरण्य...वनग्राम...पहाड़ इन सब को यहीं देखना...यह भी एक अनुभव ही होगा...

वितानिनी : नकल ही तो होगी न...पल्ली सचमुच की तो नहीं होगी...

वसुमती : वितानिनी, तू समझती नहीं है...वह नकल नहीं अनुकृति है...अनुकृति का आशय है फिर से रचना...

[चर्चरी गायन के स्वर दूर से आते हुए]

वसुमती : अरे राजमार्ग पर कोई मंडली निकल रही है...द्विपदी गा रहे हैं...हमारे यहाँ काशी में इस तरह से नहीं गाते...इसके साथ आलाप लेते हैं...

[हाथियों की चिंघाड़]

वसुमती : ये हाथी का स्वर कैसा...गजशाला तो बहुत दूर है...

वितानिनी : आज काष्ठभार आना था...हाथियों पर लादकर ही तो लाते हैं...कहते हैं हस्तिनापुर में तो लकड़ियाँ...मेरा आशय है काष्ठ...अब नहीं मिलते...एक वन है द्वैत वन...वहाँ से हाथियों पर लादकर लाते हैं...इसलिए आज प्रमदवन का पीछे का द्वार भी खोला गया है...

वसुमती : *(झरोखे से झाँकती हुई)* काष्ठ के भार अवश्य कुछ पड़े

हुए दिख रहे हैं...दारुपर्वत बनवाने का काम तो ऐसा हो गया जैसे कोई महादुर्ग बन रहा हो...

वितानिनी : काम तो बहुत बड़ा ही है महारानी...महाराज जितना ध्यान आपका रखते हैं न...आप ने कहा कि उधर फव्वारे के पीछे दारुपर्वत होना चाहिए, तो महाराज ने दारुपर्वत बनवाने के लिए आदेश दे दिया...

[वसुमती उपहास की हँसी हँसती है।]

वितानिनी : मैंने कुछ उल्टी-सीधी बात कह दी?

वसुमती : नहीं! उल्टी नहीं, सीधी बात ही कही है तूने...दारुपर्वत की बात सुनकर हँसी आ गई...पता नहीं किस घड़ी में मेरे मुँह से निकल गई यह बात कि प्रमदवन में एक दारुपर्वत बन जाता—जैसा मेरे पिता काशीनरेश ने बनवाया था अपने उद्यान में। महाराज के मन में भी बात बैठ गई...

वितानिनी : पर देखा नहीं मैंने काशी में ऐसा पहाड़...

वसुमती : काशी का दारुपर्वत? जब मैं छोटी थी, तो हम उसमें खेला करते थे, मैं और मंत्रियों की दो बेटियाँ थीं मेरी समवयस्क... चार गुफाएँ थीं उस दारुपर्वत में और एक भूलभुलैया...हम छिपा-छिपाई का खेल खेलते...

वितानिनी : कितना आनंद आता होगा न...अब तो आपको जैसा पर्वत पसंद है, वैसा ही हस्तिनापुर में भी बन जाएगा...महाराज आपका कितना ध्यान रखते हैं...

वसुमती : वे तो रखते हैं बहुत ध्यान, पर मैं...पर मैं उन्हें एक उत्तराधिकारी नहीं दे सकी...कदाचित् इसलिए...

वितानिनी : उसमें आपका क्या दोष?

वसुमती : पता नहीं दोष किसका है...पर महाराज कुछ उदास रहने लगे हैं...विवाह के बाद जैसे थे, वैसे नहीं रह गए, अपने मन की बात बताते भी तो नहीं, बहुत आग्रह करके मैंने पूछा एक दिन, तो—कहने लगे वसु, कभी-कभी इस बात की चिंता होती है कि क्या होगा इतने बड़े साम्राज्य का?

कोई उत्तराधिकारी नहीं...पिछली अमावस्या पर पितरों को तर्पण के लिए अंजलि दे रहा था, देखा कि पितर मेरा दिया तर्पण का जल पी रहे हैं, तो उनके आँसुओं का खारा पानी टप-टप कर उसमें गिर रहा है।

[वितानिनी खिलखिला कर हँस पड़ती है]

वसुमती : हँस रही हो? तुम्हें यह परिहास लगता है?

वितानिनी : क्षमा करें देवि! हँसी आ गई। पर यह हँसी नहीं रोना था, महाराज के पितरों के लिए नहीं...अपने गाँव के लोगों के लिए!

वसुमती : गाँव क्या होता है?

वितानिनी : वही...जिसे आप लोग कहते हैं ग्राम! आप लोग कहते हैं न कि हमारा देश ग्रामों में बसा है—

वसुमती : अरे हाँ, मैं तो भूल गई कि तुम ग्रामवासिनी हो। तुम्हारा ग्राम बहुत सुन्दर होगा न! कभी चलेंगे वहाँ...

वितानिनी : अब वह ग्राम है ही नहीं!

वसुमती : नहीं है?—क्या कह रही है? ग्राम कोई अन्यत्र थोड़े ही चला जाता है!

वितानिनी : चला तो नहीं जाता पर समा जाता है—काल के गर्त में...नगर की कोख में।

वसुमती : कुछ समझ में नहीं आतीं तेरी बातें—

वितानिनी : हम लोग जहाँ रहते थे कहते हैं वहाँ हजार साल पहले सरस्वती नदी बहती थी। वह नदी धरती में समा गई, पता नहीं कहाँ बिला गई। तब से हमारे गाँव की धरती बंजर हो गई, रेत ही रेत रह गई। हमारे गाँव में अकाल पड़ा। दाने-दाने को लोग तरस गए लोग मरे पशुओं को खाने लगे...

वसुमती : बस कर बस कर...

वितानिनी : *(अपनी रौ में)*—सुनिए तो...हमारे गाँव में एक ऋषि थे वे एक गीत गाकर सुनाते थे भूखे प्यासे लोगों को—

प्यास लगे तो आँसू पी
भूख लगे तो पत्थर खा...
काठ चबा पत्थर पचा
जीवित तुझको रहना है
और देखना है विपदा में
स्त्री को बिकते
कोई देवता नहीं आएँगे बचाने
गीध को पुकार

यह गीत याद आ गया जब आपने महाराज की बात बताई... पितरों वाली...

वसुमती : यह कैसा गीत है? क्या गाँव के लोग ऐसे गीत गाते हैं?

वितानिनी : भूखे लोगों का गीत है न...अकाल में लोग मरे हुए कुत्तों की अंतड़ियाँ निकालकर खा जाते...

वसुमती : कितना बीभत्स! वे लोग स्वयं क्यों नहीं मर गए?

वितानिनी : मरे न! कई मर गए!! उनमें से कुछ नगर भाग गए...कुछ सुंदर युवतियाँ थीं गाँव में। उन्हें हस्तिनापुर, शूरसेन और मगध तक के व्यापारी आ आकर खरीदकर ले जाते,—मैं किसी तरह आश्रम में पहुँच गई...

वसुमती : तू ने यह पढ़ना लिपि का ज्ञान क्या वहीं से पाया...

[वितानिनी के अगले संवादों के साथ आश्रम के दृश्य में मूक अभिनय में फ्लेशबेक दिखाया जा सकता है।]

वितानिनी : मैं दो साल उस आश्रम में रही...वहाँ मेरी जैसी कई लड़कियाँ हैं...कभी-कभी तो हमारे गाँव में अकाल पड़ता, गाँव के लोग अपने बाल-बच्चों को पाल नहीं पाते, वे उन्हें आश्रम में ऋषि जी के पास छोड़ जाते, ऋषि जी बहुत ही अच्छे हैं...वे बच्चों को शिक्षा देते...पेड़ की छाल से धागे निकालकर कपड़े कैसे बनाना है यह सिखाते। मधु कैसे संचित होता है यह सिखाते, वे उन्हें हथियार चलाना भी सिखाते और

पोथी पढ़ना सिखाते, वेद-शास्त्र रटवा देते...

वसुमती : अरे जब तू आई थी, तब तेरे पास एक-दो जोड़े थे वैसे वस्त्र...वल्कल वस्त्र...कितने कठोर...छुओ तो हाथ छिल जाएँ...

वितानिनी : मालिनी नदी के किनारे आश्रम था...बहुत घना जंगल आता है हमारे गाँव के आगे। इसके आगे रेगिस्तान है...फिर आश्रम...गाँव के लोग तो भेड़-बकरियाँ पालते थे, गाँव में चारा न मिलता क्वार कातिक के महीनों के बाद तो वे गंगा नदी के किनारे-किनारे हिमालय पहाड़ के नीचे-नीचे बढ़ते जाते...जहाँ पानी दिखता वहीं टिक जाते...छह महीने इसी तरह निकल जाते, फिर वर्षा आती, तो गाँव में लौट आते...

वसुमती : तो तू उस आश्रम में रही। फिर वहाँ से कैसे आ गई यहाँ?

वितानिनी : वहाँ एक दिन ऋषि कण्व एक नन्ही सी बच्ची को लेकर आए...इतनी सुंदर बच्ची थी...गीधों ने बुलाकर उन्हें दी थी...

वसुमती : गीधों ने? क्या मूर्खता की बात है...

वितानिनी : सच्चीमुच्ची की बात कह रही हूँ महारानी...गीध उस बच्ची के ऊपर पंख फैलाकर तब तक बैठे रहे और ऋषि जी को पुकारते रहे, जब तक वे उसे लेने के लिए पहुँच नहीं गए...

[वसुमती खिलखिला कर हँसती है]

वितानिनी : आप को हँसी की बात लग रही है यह पर है सच...

वसुमती : अरी मूर्खा...गीध कितने भयावह होते हैं...मुझे तो देखते ही डर लगता है...कच्चा मांस खाते हैं गीध...आदमी को खा जाते हैं...एक नन्ही सी बच्ची को वे जीवित रहने देंगे भला...उसे बचाने की तो बात ही बहुत दूर रही...

वितानिनी : हमारे गाँव में गीध को देवता मानते हैं, उनको बलि भी देते हैं अपने मांस की बलि देते हैं...

वसुमती : छिः...कितना घृणित है यह सब! कितना जुगुप्सित!! कितना बीभत्स!...असभ्य लोग...

वितानिनी : अपने-अपने समाज की अपनी-अपनी रीत होती है महारानी...उस बच्ची का तो नाम ही शकुंतला इसलिए रखा गया कि शकुंत यानि गीधों ने उसकी रक्षा की थी...

वसुमती : अच्छा? फिर कहाँ गई वह बच्ची...

वितानिनी : मुझे नहीं पता इस समय वह कहाँ है, जब मैंने आश्रम छोड़ा, तो वह आश्रम में थी, ऋषि जी कहते थे कि यह इस वन में जितनी बस्तियाँ हैं, उनकी मुखिया बनेगी...बड़ा तेज था उसमें...जैसा तेज वैसा पराक्रम...अब तो वह तरुणी हो गई होगी...वह राज करती होगी वहाँ उस वन में...राजा तो नहीं होते वहाँ, सभा और सभा में मुखिया होती है कोई स्त्री। सब कहते थे यही मुखिया होगी...उसके कारण ही तो मैं आश्रम छोड़कर आ गई...

वसुमती : उसके कारण?

वितानिनी : हाँ...उसके कारण...सब लोग उसी को लाड़ करते, उस पर प्राण निछावर करते...मुझे यह अच्छा न लगता...कण्व ऋषि जी को गाँव की मुखिया ने बताया था कि यह बच्ची मुखिया बनेगी...सब की रक्षा करेगी...तो ऋषि जी हर तरह से उसका ध्यान रखते—पाँच साल की उमर में तो उसने बाण चलाने का ऐसा अभ्यास कर लिया था कि अच्छे-अच्छे तीरंदाज चकित हो जाएँ!

वसुमती : एक कन्या को अस्त्रविद्या का अभ्यास कराना...कैसे ऋषि हैं वे?

वितानिनी : मुझे भी तो सिखाया उन्होंने तीर चलाना...भाला फेंकना...

वसुमती : तुझे?

[नेपथ्य से हाथी की चिंघाड़। स्त्रियों और पुरुषों का कोलाहल]

वसुमती : तुमने कुछ सुना?..

वितानिनी : हाथी चिंघाड़ा है...ऐसा हाथी तो...*(डर से काँपती है।)*

वसुमती : ऐसा हाथी क्या? तुम इतनी घबरा क्यों रही हो...

वितानिनी : कुछ अनिष्ट होने को है देवी...ऐसे तभी चिंघाड़ता है हाथी जब कुछ सर्वनाश होने वाला होता है...मैं पहचानती हूँ हाथी के इस नाद को...हाथी अलग-अलग स्वर में चिंघाड़ते हैं...यह सहज चिंघाड़ना नहीं है...ऐसा लगता है जैसे देवताओं का क्रोध है हमारे ऊपर।

वसुमती : अरे तू कैसी बातें करती है कभी-कभी तो इतनी उल्टी-सीधी...!

वितानिनी : एक बार हमारे गाँव में भूमिपति ने मृगया के लिए वन के पशुओं को खदेड़ा, तो हाथी भागकर गाँव में घुसे, उन्होंने गाँव में झोपड़ियाँ कुचल दीं, मार्ग में जो दिखा उसे रौंद दिया...

[कंचुकी शंकुक के साथ शिल्पी देवदिण्ण का प्रवेश।]

शंकुक : ये आ पहुँचे हम लोग...देवी बैठी हैं...आप पहुँचिए पहुँचिए आप...पहुँचकर देवी को पहले प्रणाम करें...जय बोलें उनकी...

देवदिण्ण : जी...मैं कर लूँगा जयजयकार भी और प्रणाम भी...आप जाएँ।

शंकुक : जाऊँ फिर मैं ?

देवदिण्ण : हाँ जाइए...

शंकुक : आप बात कर लेंगे न देवी से ?...किसलिए बुलाया था आपको...

देवदिण्ण : मुझे विदित है मुझे क्या बात करनी है, आप जाएँ कंचुकी जी महाराज...

शंकुक : अच्छा...तो मैं भी अपना काम निपटाता हूँ...आपको मालूम है सारे अंत:पुर का दायित्व मेरे ऊपर है...नब्बे वर्ष की आयु हो गई...अब सँभलता नहीं है...आज ही देखिए बहुत बड़ा आयोजन है...चित्रांगद के गायन का...चित्रांगद, आप जानते हैं...कितने बड़े गायक हैं...

देवदिण्ण : अच्छा अच्छा प्रणाम...आप जाइए अपना काम पूरा कर लीजिए...

[शंकुक का प्रस्थान]

देवदिण्ण : *(वसुमती के पास पहुँच कर)* देवी की जय हो...शिल्पी देवदिण्ण आपको प्रणाम करता है देवी!

वसुमती : स्वागत है स्थपति का...इधर आसन ग्रहण करें!

वितानिनी : महारानी! आप शिल्पी के बनाए दारुपर्वत के चित्र देखने के पश्चात् क्या उस स्थल पर जाएँगी...जहाँ पर्वत बन रहा है?

वसुमती : क्या कहते हैं शिल्पी देवदिण्ण?

देवदिण्ण : मेरा तो प्रस्ताव है कि मानचित्र देख लें देवी...फिर वास्तविक स्थल पर जाकर अवलोकन करना सबसे अच्छा रहेगा...

वसुमती : जैसा स्थपति उचित समझें...

वितानिनी : तो फिर मैं प्रमदवन में पहुँचने के लिए रथ लगवा देती हूँ प्रसाद के द्वार पर...

वसुमती : अरी, प्रासाद के पृष्ठद्वार से निकलते ही तो प्रमदवन आ जाता है, रथ का क्या काम?

वितानिनी : देवी, पृष्ठद्वार के आसपास हाथियों का झुंड आ-जा रहा है काष्ठभार लाद कर...हम राजमार्ग से घूमकर ही चलेंगे...मैं रथ लगवा देती हूँ...*(जाती है)*

वसुमती : *(देवदिण्ण से)* मैं वितानिनी के साथ देख रही थी कि दारुपर्वत कितना निर्मित हुआ है...पर अभी तो कुछ भी निर्माण नहीं हुआ...

देवदिण्ण : यह बहुत बड़ा काम था महारानी...इसमें बाधाएँ भी बहुत आईं..सामग्री न हो, तो काम में गति नहीं आ पाती...पर अब काम गति से होगा...

वसुमती : चक्रवर्ती नरेश कौरववंश के महाप्रतापी के राज्य में इतने छोटे से काम में बाधाएँ...ऐसा कैसे हो सकता है?

देवदिण्ण : उत्तम कोटि का काष्ठ जितना चाहिए था, उतना नहीं मिला...

जिस वन से काष्ठ लाते हैं, वह दूर है, कहते हैं वहाँ जितनी पल्लियाँ हैं, सब लोग एक हो गए, उन्होंने एक युवती को अपनी ग्रामणी बनाया...वह युवती हस्तिनापुर से जो भारवाह काष्ठ लाने जाते हैं, उन्हें पकड़कर कारागार में डाल देती है...

वसुमती : महाराज दुष्यंत के राज्य में कुछ जंगली लोग इतना सब उत्पात कर रहे हैं, राज्य क्या कर रहा है, हमारे दंडनायक किसलिए हैं? सैनापति को सेना लेकर वहाँ जाना चाहिए... कौन लड़की है वह?

देवदिण्ण : उसका नाम शकुंतला है!

वसुमती : शकुंतला? अरे उसकी बिसात क्या जो हमारे राज्य को चुनौती दे?

देवदिण्ण : आप चिंता न करें! काष्ठ तो प्रचुर मात्रा में संचित हो गया है। किसी तरह को अपनी सारे शकटों पर इतने भारी काष्ठ खंड नहीं ला सकते थे, हाथियों पर लादकर लाए। वहाँ से चार माह हाथियों के यहाँ तक पहुँचने में लग जाते हैं...फिर दारु पर्वत के निर्माण की विधि किसी भी स्थापत्य के ग्रंथ में नहीं मिली...मय के शास्त्र में नहीं, विश्वकर्मा के वास्तुशास्त्र में नहीं, कुमार कार्तिकेय के शिल्परत्न में भी नहीं...महारानी ने जैसा बताया उसके आधार पर हमने मानचित्र बनाया,...पर जब यह बन जाएगा तो पूरे जम्बूद्वीप में ऐसी रचना नहीं होगी...लोग चकित होकर देखेंगे, दाँतों तले उँगली दबा लेंगे कि कृत्रिम पर्वत ऐसा भी बन सकता है, जो हिमगिरि, विंध्य, सह्याद्रि सब एक साथ दिखें...जिसमें वनग्राम पल्लियाँ, पशु-पक्षी सब नकली होकर भी जीते-जागते से दिखें...संगीत और नृत्य के लिए वहाँ अलग-अलग स्थल, बीच में झोंपड़ियाँ, कुटीर...कृत्रिम शिलावेश्म..

वसुमती : शिलावेश्म क्या होता है?

देवदिण्ण : पहाड़ पर चट्टानें भी कृत्रिम होंगी...भारी शिलाएँ तो नहीं रख सकते, पर लगेगा सचमुच के पत्थर हैं...उन्हीं से कुछ

सुंदर कक्ष बनाएँगे...समझ लीजिए दारपपर्वत पर विहार करते-करते थक जाएँ, तो विश्राम के लिए वासगृह... शयनागार...

[कोलाहल तेज होता है। हाथी की चिंघाड़ पास आती जाती है]

वसुमती : *(व्याकुल हो कर)* यह स्वर कैसा?

देवदिण्ण : मुझे लग रहा है कि यह स्वर उसी दारुपर्वत के आसपास से आ रहा है...

वसुमती : प्रमदवन का वह भाग जहाँ दारुपर्वत बन रहा है यहाँ से दिखता है...

[वातायन की ओर जाती है और वातायन से झाँकने का अभिनय करती है]

देवदिण्ण : यही तो सोचा था न कि आप वातायन से देख सकें पर्वत का दृश्य...भले ही पर्वत कृत्रिम हो, पर वास्तविक ही लगे...

वसुमती : यहाँ से तो केवल काष्ठखंड दिख रहे हैं...

देवदिण्ण : *(पास आ कर)* देवी, इधर से दारुपर्वत का जो भाग आप देख रही हैं, उसमें तीन गुफाएँ बनाई जा रही हैं, आप देख रही हैं न गुफाओं तक पहुँचने के लिए पत्थरों का मार्ग बना दिया गया है...वह ऊँचा जाता हुआ मार्ग...

वसुमती : हाँ, वह तो दिख रहा है—हमने यह सोचा था कि एक गुफा में छोटा-सा नाट्यगृह होगा, एक में विहारभूमि...और एक में केवल महाराज और हम अन्त:पुर की कुछ स्त्रियाँ...कभी-कभी जा सकेंगे...

देवदिण्ण : आकृतियाँ तो तीनों गुफाओं की भी उभर आई हैं देवी पर उनके भीतर जैसा आप चाहती हैं वैसी व्यवस्थाएँ करनी हैं। पहली गुफा का द्वार तो देखिए वह दिख रहा है...

[हाथी की चिंघाड़ और तीव्र व पास आती हुई, उसके साथ ही स्त्री-पुरुषों के चीख-पुकारों के स्वर]

वसुमती : द्वार नहीं दिख रहा है। पर यह कोलाहल उसी ओर से आ रहा है...अच्छा नहीं लग रहा यह कोलाहल...और बढ़ता ही जा रहा है उस ओर...

देवदिण्ण : मुझे भी कुछ अमंगल लग रहा है देवी, आज प्रातः घर से निकला तो वाम नेत्र फड़क रहा था...

[वितानिनी का हड़बड़ाए हुए प्रवेश]

वसुमती : क्या हुआ वितानिनी...ऐसी घबराई-सी क्यों हैं?

वितानिनी : एक हाथी पागल हो गया है...उसने महावत को नीचे गिराकर कुचल दिया...और दारुपर्वत जितना बना था...उसको भी टक्कर मारकर तोड़ने का प्रयास कर रहा है वह...देवी...

[नेपथ्य से लकड़ियों के ढेर के नीचे गिरने की आवाजें...हाथी की चिंघाड़ पास आती जाती है। नेपथ्य से चीखपुकार]

भागो...भागो...अरे कुचल दिया।

देवदिण्ण : *(वातायन से झाँक कर, बहुत उत्तेजित स्वर में)* देवी, देवी...अनर्थ हो गया महारानी...

वसुमती : क्या हुआ? आप इतने व्याकुल क्यों हो गए इस तरह?

देवदिण्ण : देखिए तो, देखिए देखिए क्या हो गया!...कोई हाथी है... उसने...जितना हमने अभी तक बनाया था दारुपर्वत, अपने माथे की टक्कर दे-देकर गिरा दिया है...कितना बड़ा विनाश...

वसुमती : *(वातायन से झाँकती है)* क्या सचमुच...यह हाथी है या राक्षस? वितानिनी...महाराज को...

[मूर्च्छित होकर गिरने को होती है, वितानिनी—वसुमती को गिरने के पहले पकड़ लेती है]

वितानिनी : *(पुकार कर)* कोई है, कोई है? *(वसुमती से)* देवी... महारानी सँभालिए अपने आप को...

वसुमती : *(होश में आ कर)* तू ने ठीक कहा था वितानिनी, किसी बड़े अनर्थ की सूचना है यह...

वितानिनी : आप इतनी सभ्य सुसंस्कृत काशी जनपद की बेटी... इतनी ज्ञानी हैं आप...काठ का ढेर गिर गया, इस पर क्या दुखी होना...

[सुगंधा का प्रवेश]

सुगंधा : क्या हुआ, वितानिनी! तुम ऐसे क्यों चिल्लाई थीं...

वितानिनी : कुछ नहीं...हाथी ने दारुपर्वत गिरा दिया है...देवी को इससे आघात लगा है, जा पता कर महाराज कहाँ हैं...

सुगंधा : महाराज तो अभी-अभी राजसभा के लिए निकल गए...मैं जाती हूँ...उन्हें बता देती हूँ...

देवदिण्ण : मैं आज्ञा लूँगा...स्थिति सामान्य होने पर दारुपर्वत के लिए आगे क्या करना है इस पर विचार करेंगे...अभी तो देवी को विश्राम की आवश्यकता है...

वितानिनी : मैं देवी को भीतर के कक्ष में ले जाती हूँ...आप जाएँ आर्य देवदिण्ण!

[सबका प्रस्थान]

दृश्य-2

[समय—मध्याह्न। स्थान—हस्तिनापुर, दुष्यंत की राजसभा का दृश्य। सेनापति शक्तिभद्र, मंत्री सुनास और विकर्ण तथा पुरोहित देवरात आसनों पर बैठे बातचीत कर रहे हैं, कुछ की आवाजाही। एक ओर परिघ, तोरण और अर्गला खड़े हुए हैं।]

परिघ : ये तोरण, जब देखो तोरण की तरह खड़ा रहेगा।

अर्गला : उसका नाम ही तोरण है।

परिघ : तो रण में जाए...यहाँ ऐसे क्यों खड़ा है...

तोरण : मैं अपना काम करता हूँ, तुम लोग अपना काम करो।

अर्गला : हाँ, अपना काम तो अच्छी तरह कर लेता है यह। नाक बहुत तेज है न।

परिघ : ए तोरण, भैया, ये बता तुझे महाराज की गंध कैसे पता चलती है।

अर्गला : बचपन से महाराज की ही गंध सूँघता रहा बिच्चारा...और कोई गंध नहीं...

तोरण : *(अचानक दूर ताकने और गंध लेने का अभिनय करके, घोषणा के स्वर में)* सावधान, महाराज आ रहे हैं।

[परिघ और अर्गला अचकचा कर सावधान होते हैं।]

अर्गला : क्या सचमुच? दिख तो नहीं रहे।

परिघ : आ रहे हैं, आ रहे हैं। तोरण ने घोषणा कर दी तो आ रहे हैं।

अर्गला : *(दूर देखने का अभिनय करके)* उधर गलियारे से आ रहे हैं, आज दिशा क्यों बदल दी। ये दो युवतियाँ कौन हैं जो अगल-बगल में चल रही हैं...

परिघ : ये नई प्रतीहारिनें हैं...नाम हैं तुर्फरी और जर्फरी...

अर्गला : ये कैसे नाम?

परिघ : वे किरातिनें हैं...

अर्गला : हमारे समाज में स्त्रियों की कमी है क्या, जो इन किरातिनों को रख लिया?

परिघ : वे तीर चलाने में निपुण हैं...ये किरातिनें खूँखार हैं। लक्ष्य अचूक...भागते खरगोश पर ऐसा निशाना साधती है वह जो उधर पीछे आ रही है न पीले कौशेय वाली, कितना ही सरपट भाग रहा हो खरगोश बच नहीं सकता...

तोरण : *(फिर से घोषणा के स्वर में)* सावधान पुरुवंशी, चक्रवर्ती सम्राट् महाराज दुष्यंत पधार रहे हैं।

[दुष्यंत का प्रवेश। वसंतक तुर्फरी और जर्फरी के साथ उसके पीछे आता है। सभासद उठकर खड़े होते

हैं। दुष्यंत आसन पर बैठता है। इसके साथ ही दोनों और चामर डुलाने वाली स्त्रियाँ और दो वैतालिक आकर खड़े हो जाते हैं।]

वसंतक : बैठ जाइए, बैठ जाइए आप लोग...मैं खड़ा हूँ, तो मेरे कारण आप लोग खड़े मत रहिए...

सुनास : तुम्हारे लिए हम नहीं खड़े रहे विदूषक...हम तो महाराज के लिए खड़े रहे..

विदूषक : खड़े रहे कि अड़े रहे...*(दोनों वैतालिकों से)* हाँ भैया, दोनों कवियो! सुनाओ कुछ फड़कती हुई वस्तु, कड़कती हुई कविता...कि जिससे यह सन्नाटा टूटे...मन का क्लेश छूटे...

पहला वैतालिक : जय हो जय हो इस धरती के चक्रवर्ती सम्राट् पुरुवंशी नरेश की जय हो।

हिमगिरि की ऊँची-ऊँची कई चोटियाँ
मस्तक पर जिसके मुकुट बनीं
दक्षिण में लहराती उजली-उजली
सागर की करधनी बँधी
गंगा-यमुना और सरस्वती से
सजा हुआ है जिसका वेष
पौधे-पेड़ और ये जंगल
जिसके रोएँ और लहराते केश
ऐसी इस धरती पर
करें राज निरंतर
पुरुवंशी दुष्यंत नरेश।

[सभासद प्रशंसा में सिर हिलाते हैं।]

सुनास : अच्छी कल्पना है, क्या कहना, क्या कहना।

वसंतक : क्या खाक कल्पना है जी...—हर वस्तु में इन लोगों को स्त्री का शरीर ही दिखता है...रोएँ, केश, करधनी...अरे भाई बाकी चीजें कहाँ गईं...वह भी कह देता...जैसे हाथ-पाँव, वक्ष:स्थल *(हँसता है)*

दूसरा वैतालिक : जय हो चक्रवर्ती की।
जो उठ खड़े हुए विरोध में
वन में डगर-डगर में नगर-नगर में
उन सब के असंतोष का
उन सब के विरोध का
एक दिन होगा अंत
जब तक सूरज चमके
जब तक हिमालय दमके
राज करेंगे राजा दुष्यंत।

दुष्यंत : दोनों कवियों को पारितोषिक दिया जाए...

दोनों वैतालिक : जय हो, जय हो चक्रवर्ती की *(सिर झुकाकर प्रणाम की मुद्रा के साथ प्रस्थान करते हैं।)*

दुष्यंत : *(वसंतक)* मित्र, तुमने ध्यान दिया, यह जो दोनों कवि सुनाकर गए हैं।

वसंतक : ध्यान दिया...वही सुनी-सुनाई पिटी-पिटाई इधर-उधर से जोड़-जाड़ कर बनाई गाथा सुना दी, वह वैतालिक यही छंद पहले सुना चुका है...हाँ, दूसरा बंध कुछ नया था...

दुष्यंत : उसी के विषय में सोच रहा हूँ...इसने कुछ ऐसा कहा उसमें कि विरोध में उठ खड़े हुए हैं लोग...तो विरोध की बात कैसे आ गई वैतालिक की कविता में...

सुनास : मुझे भी आश्चर्य है महाराज...कविता में विरोध की बात तो होनी ही नहीं चाहिए, कविता सौंदर्य और प्रेम की चर्चा करने के लिए है न कि विरोध करने के लिए।

विकर्ण : देखने की बात यह है कि इस कवि ने विरोध की चर्चा अवश्य की है, पर विरोध का अंत हो जाएगा यह भी तो कह दिया है...

सुनास : यह नया आया है...राजसभा के विधिविधान से अच्छी तरह परिचित नहीं लगता...इसे राजसभा में प्रवेश आप के कहने से ही मिला था न...

विकर्ण : हाँ, हाँ पर वह बहुत योग्य कवि है...

दुष्यंत : ऐसा क्यों कहा इसने कि विरोध में लोग उठ खड़े हुए हैं, कौन लोग हैं, उससे पूछना चाहिए—क्या कहीं असन्तोष है? सेनापति, आप क्या सोचते हैं?

शक्तिभद्र : महाराज असन्तोष कहाँ हो सकता है?

दुष्यंत : फिर भी पता किया जाए—*(देवरात से)* आप को क्या लगता है? क्या कहीं प्रजा में असंतोष है?

देवरात : मुझे लगता है कि कहीं न कहीं संकट की छाया मँडरा रही है, राज्य पर...हस्तिनापुर उसके लिए तैयार नहीं है।

दुष्यंत : संकट कहाँ से हो सकता है?

देवरात : हस्तिनापुर के भीतर से नहीं है राजन्, बाहर से हो सकता है...

सेनापति : सीमांत पर विशेष ध्यान देने की आवश्यकता है महाराज, मैंने पहले भी कहा है...सीमांत पर...हिमालय के आस-पास के प्रदेशों में शत्रुओं की गतिविधियाँ बढ़ीं हैं...इधर आटविक लूटपाट मचाते रहते हैं...

दुष्यंत : आटविक कौन हैं?

सेनापति : आटविक हम सभी वनवासियों को कहते हैं...उनमें भी अलग-अलग जातियाँ हैं। हिमालय के ऊँचे स्थलों पर देव, गंधर्व और विद्याधर रहते हैं। वे हमारे मित्र हैं। उसके नीचे द्वैतवन है, उसमें असुर, दानव, राक्षस रहते हैं। ये सब एक हो गए हैं। द्वैतवन में कई पल्लियाँ हैं, उनकी ग्रामणी एक युवती है, जिसका नाम शकुंतला है। वे सब हमारे विरोधी हैं।

दुष्यंत : मंत्री, सारे हस्तिनापुर में चरों को सावधान कर दो...और कोई प्रकरण है?

सुनास : महाराज, सार्थवाह धनसागर का संदेशवाहक आया था... उनकी कुछ समस्या है...

दुष्यंत : कैसे हैं सार्थवाह धनसागर? उनसे तो भेंट ही नहीं हुई कितना समय हो गया!

सुनास : उन्होंने कहा है कि वे हस्तिनापुर का हित साधने के लिए ही स्वर्णद्वीप तक गए हैं, स्वर्णद्वीप से आने में समय लग जाएगा...

दुष्यंत : स्वर्णद्वीप में हमारे कार्पास वस्त्रों की बिक्री हो और वहाँ के कौशेय वस्त्र हमें मिलें...इससे व्यवसाय भी बढ़ेगा, दोनों देशों के लोग प्रसन्न होंगे धनसागर इतना बड़ा उद्यम कर रहे हैं...पर उनकी समस्या क्या है?

सुनास : समस्या न व्यवसाय की है, न स्वर्णद्वीप में उन्हें कोई कठिनाई है, वे तो महाराज के ही एक छोटे से कार्य को लेकर चिंतित हैं...

दुष्यंत : हमारा कार्य?

सुनास : महाराज के प्रमदवन में दारुपर्वत बनवाने का जो दायित्व उन्होंने ले लिया था, उसमें विलम्ब हो रहा है..

दुष्यंत : हाँ हम चिंतित हैं कि दारुपर्वत बनवाने में इतना विलम्ब कैसे हुआ...दस वर्ष बीत गए...पर उसमें श्रेष्ठी धनसागर क्या कर सकते हैं?

सुनास : दारुपर्वत के लिए काष्ठ इकट्ठा करने का काम स्वयं उन्होंने अपने ऊपर ले लिया था...प्रयास भी किया उन्होंने पर पर्याप्त काष्ठ जुट नहीं पा रहा है...

दुष्यंत : हस्तिनापुर के वनों में इतना काष्ठ नहीं है?

विकर्ण : हस्तिनापुर के आसपास अब वन कहाँ? वृक्ष हैं, उपवन हैं, हरा-भरा हस्तिनापुर है यह हमारा। कुछ उपवन राज्य की ओर से बनवाए गए, उनमें कदलीवन, आम्रवन, कपित्थवन हैं, इनके वृक्ष फल देते हैं, यज्ञशालाओं के आसपास यमुना के तट पर अर्क, मंदार और बिल्व के वृक्ष प्रचुर संख्या में लगवाए गए हैं...और भी उपवन हैं, वे विहार स्थल के काम देते हैं, उपवनों में काष्ठ नहीं मिल सकता।

दुष्यंत : *(सुनास से)* अमात्य! आप कुछ कहना चाहते थे?

सुनास : महाराज, हस्तिनापुर से उत्तर में हिमालय की ढलानों पर जहाँ मालिनी नदी बहती है, उसके आसपास द्वैत वन है। वह वन हमारे लिए सदैव खतरा बना हुआ है...श्रेष्ठी धनसागर ने तो वहीं से काष्ठ लाने का प्रयास किया था, जिसमें वे विफल हुए...चौदह या पंद्रह वर्ष पहले की बात

है...उन्होंने अपने दो कारिंदे करटक और दमनक भेजे थे काष्ठ इकट्ठा करके लाने के काम के लिए। उन दोनों पर वहाँ प्राणघातक हमला हुआ। किसी तरह साथ में गए हुए लोग उन्हें वापस लेकर आए...

दुष्यंत : हमें यह सूचित क्यों नहीं किया गया?

सुनास : यह इतनी छोटी-सी बात थी...हम लोगों को लगा कि थोड़े से वनवासी लोग हैं...वन से काष्ठ लाने का काम ही तो है...पर अब लगता है हमने भूल की उस समय उस वन के लोगों को उपेक्षणीय समझ कर...वह वन हमारे लिए एक आतंक बन गया है। एक तो दुर्गम बहुत है, फिर वहाँ के लोग, काष्ठ लाने के लिए जो भी जाता है उसको घुसने नहीं देते या मार-पीटकर भगा देते हैं। लगता है वहाँ सेना भेजनी होगी...

दुष्यंत : सेनापति आप का क्या कहना है?

सेनापति : सेना तब भेजी जानी चाहिए जब आक्रमण करना हो या दूसरी ओर से आक्रमण की आशंका हो, इस वन के लोगों की ओर से ऐसी तो आशंका है नहीं। उन पर अकारण आक्रमण उचित नहीं होगा...

विकर्ण : मैं भी यही समझता हूँ, आज तक उस वन के निवासियों की ओर से हमें कोई क्लेश नहीं हुआ। हमारे लोग वहाँ गए, उनके क्षेत्र में घुसकर लकड़ी ले जाने लगे, तब उन्होंने मना किया और झगड़ा हुआ...

सुनास : पर वह वन पुरुवंश के साम्राज्य के क्षेत्र में है...

विकर्ण : उस वन में दस पल्लियाँ हैं, हमने उनकी मुखिया से बात की थी, उसका कहना है कि यह वन चक्रवर्ती क्षेत्र में आता है या नहीं यह वे लोग नहीं जानते, सदा से यह वन उनका रहा है, इसे कोई क्षति पहुँचाए—यह वे सहन नहीं करेंगे...

सुनास : अमात्य विकर्ण यह निश्चय करें कि वे किस के पक्ष में हैं हस्तिनापुर के या द्वैतवन के? महाराज, यह चिंतनीय बात

है...वनग्राम के निवासी हमारे लिए चुनौती बन गए हैं...वन इतना दुर्गम है कि वहाँ के क्रिया कलापों का पता नहीं चल पाता हमें! इसके आगे सीमांत है, सीमांत से आक्रान्ता घुसने की तैयारी कर रहे हैं। सूचना मिली है कि वन में रहने वाले कुछ वनवासी लोग भी इनसे मिले हुए हैं। पर इस सूचना पर न तो उन पर आक्रमण किया जा सकता है न उनमें से किसी को पकड़ा जा सकता है—

दुष्यंत : फिर क्या किया जाए? सेनापति, आप बताइए!

शक्तिभद्र : एक उपाय है महाराज!

दुष्यंत : क्या?

शक्तिभद्र : मृगया...

दुष्यंत : मृगया?

शक्तिभद्र : मृगया...आखेट। मृगया एक बहाना भी बन सकता है हमारे लिए वन को और वनग्राम के निवासियों को वश में करने का। मृगया के लिए घेरा हम ऐसा डालेंगे, जैसा शत्रु को घेरने के लिए किया जाता है...

वसंतक : छी...छी...वन में भाग-दौड़...पशुओं को मारना...कितना बुरा काम है।

शक्तिभद्र : वसंतक, क्षत्रियों के लिए तो मृगया दोष नहीं गुण है...इससे स्फूर्ति आती है, सुस्ती चली जाती है और चुस्ती बनी रहती है। मृगया से महाराज का मन बहलाव भी होगा, बदलाव भी होगा, और हम सब को आनंद मिलेगा। मृगया हमारे लिए अलंकार है।

वसंतक : अलंकार कभी-कभी भार बन जाते हैं...

शक्तिभद्र : क्षत्रियों के लिए नहीं...क्षत्रिय के लिए मृगया शस्त्रसंधान का सबसे अच्छा अभ्यास है, तेजी से भागते हरिण या खरगोश पर तीर चलाने का अभ्यास हो जाए, तो यह युद्ध में बहुत काम आता है। मृगया तो वास्तव में विजय अभियान का मंगलगान है, शक्तिसंवर्धन में सहायक है और अपनी काया को भी स्फूर्त रखने का माध्यम है...सबसे

उत्तम व्यायाम, थुलथुल काया छँटकर छरहरी हो जाती है मृगया से...

वसंतक : सेनापति, तुम को वातरोग है इसलिए तुम्हें व्यायाम की आवश्यकता है...तुम जाओ और मृगया करो...हम लोगों को आवश्यकता नहीं...

शक्तिभद्र : आप से किसने कहा कि मुझे वातरोग है...मुझे कोई रोग नहीं...

वसंतक : वातरोग नहीं, वायुविकार होगा...तभी विस्फोटक ध्वनियाँ उत्पन्न करते रहते हो बार-बार...

विकर्ण : द्वैतवन बहुत ही पावन वन है। सुना है कि वहाँ पहले ऋषियों-मुनियों ने मृगया का निषेध कर दिया था...

दुष्यंत : *(देवरात से)* क्या ऐसा है?

देवरात : मुझे तो ऐसा स्मरण नहीं है...फिर भी मृगया यदि आवश्यक न हो तो न की जाए...

वसंतक : ये बात कही है पते की...

शक्तिभद्र : आप लोग हरिणों का बढ़िया पका मांस खाने को मिले तब तो आप उसे खा लेते हैं, मृग का मांस खाना है तो मृगया तो करनी पड़ेगी न।

वसंतक : भैया सैनापति, उसके लिए मृगया करने और वन-वन में भाग-दौड़ करने की क्या आवश्यकता? वह तो पका हुआ मिल जाता है यहीं हस्तिनापुर में ही...

देवरात : यज्ञ के लिए हिंसा करने में और यज्ञ से शेष बचे द्रव्य को ग्रहण करने में दोष नहीं है, केवल मृगया के लिए मृगया करने में दोष है।

शक्तिभद्र : हम ही कौन केवल मृगया के लिए मृगया करने जा रहे हैं...यज्ञ करने के लिए करेंगे न...

सुनास : हम उस वन में एक विशाल यज्ञ का आयोजन भी करेंगे...यज्ञ कौन-सा हो किस नाम से हो यह निर्णय करना पुरोहित देवरात जी का काम है—कुछ भी बढ़िया-सा नाम रखिएगा जैसे विश्वजित, सर्वजित...

शक्तिभद्र : या फिर पशुमेध, नरमेध...ये नाम भी रख सकते हैं...

सुनास : न, न, न। ऐसे नामों में हिंसा की गंध आती है।

विकर्ण : एक बार फिर से विचार कर लिया जाए महाराज! वनवासियों के आचार-विचार का ध्यान रखते हुए...

सुनास : क्या कह रहे हैं अमात्य विकर्ण! वनवासियों के आचार-विचारों की बात इसमें कहाँ से आ गई?

विकर्ण : वनवासियों के यहाँ आखेट का निषेध है, वे वन के प्राणियों को अवध्य मानते हैं, हाँ, वर्ष में एक बार आखेट होता है फाल्गुन की पूर्णिमा को...उसे वे फगुआ आखेट कहते हैं...उस दिन आखेट करके देवी की पूजा करते हैं...

सुनास : उन लोगों की इस तरह की निरर्थक प्रथाओं पर विचार करना राज्य का काम नहीं। हमारा अपना एक धर्म है...हम यज्ञ करते हैं...

देवरात : उस वन में एक विशाल यज्ञशाला बनाने का भी संकल्प किया गया था पहले...

सुनास : और एक वनविहार बनाने का भी...

दुष्यंत : अब समय आ गया है कि हमारे ये संकल्प पूरे होंगे। पहले तो मृगया की तैयारी की जाए। द्वैत वन के सारे हिंस्र पशुओं का हम संहार कर देंगे।

सेनापति : कितनी सेना साथ चलेगी महाराज...एक अक्षौहिणी या दो?

दुष्यंत : मंत्री सुनास बताएँगे...वे उस वन में जा चुके हैं।

सुनास : दो अक्षौहिणी तो साथ रखिए ही...और कह नहीं सकते... पर्याप्त अस्त्र और शस्त्र भी साथ ले जाना चाहिए।

दुष्यंत : मृगया के लिए तो धनुष और बाण ही पर्याप्त हैं, पैदल सैनिक भाले हाथ में ले लें...

सेनापति : यह सामान्य मृगया नहीं होगी महाराज...इसलिए शक्ति, प्रास, तोमर, नाराच, मुसल और भी अस्त्र और शस्त्रों का अच्छा भंडार लेकर चलना होगा...संकट में हमारे पास शस्त्र रहें, और भंडार की निगरानी के लिए भंडारपालक भी साथ चलें—आटविकों में कई ऐसे समूह हैं, जो अस्त्र

और शस्त्र चुरा लेते हैं लूट भी ले जाते हैं...

दुष्यंत : हम उन सब को सुसंस्कृत बनाएँगे...हम वहाँ विराट् यज्ञ कराएँगे, यज्ञ का विधान पुरोहित देवरात बताएँगे। ये भी साथ चलेंगे। फिर वह वन...

[हड़बड़ी में सुगंधा का प्रवेश।]

सुगंधा : महाराज, उजड़ गया...

दुष्यंत : क्या हुआ तुम इतनी घबराई हुई क्यों हो ? इस तरह अन्त:पुर की सेविका का राजसभा में आना...

सुगंधा : महाराज, मैं यह कहने आई थी कि उजड़ गया...

सुनास : अरी मूर्ख दासी, क्या उजड़ गया उजड़ गया कहे जा रही है—हम लोग बहुत गंभीर चर्चा कर रहे हैं और तू...

दुष्यंत : मंत्री सुनास, उसे बताने दो। यह सुगंधा है...महारानी वसुमती की दासी...अरे स्मरण आया, आज तो संगीतसभा का आयोजन है...हम बस यहाँ से सीधे वहीं पहुँचेंगे...

सुगंधा : महाराज, मैं यही तो कहने आई थी कि संगीत सभा...

दुष्यंत : सुगंधा घबरा मत। बता क्या बात है ?

सुगंधा : संगीतसभा नहीं हो सकेगी महाराज। बड़ा अनर्थ हो गया महाराज...एक हाथी प्रमदवन में घुसकर पागल हो गया और उसने महावत को कुचला और कुछ लोगों को घायल किया, प्रमदवन को तहस-नहस कर डाला और वह काठ महल मेरा आशय है काठ का पहाड़ भी गिरा दिया...

वसंतक : इस दासी को भी वातरोग है या सन्निपात रोग है...या यह पागल ही हो गई है...एक तो प्रमदवन में हाथी कैसे घुस सकता है, फिर प्रमदवन में इसने पहाड़ खड़ा कर दिया उसे हाथी से गिरवा भी दिया...अरी दासी तो तू निकली सत्यानाशी...

दुष्यंत : सुगंधा, घबरा मत। निश्चिंत होकर बता—क्या हुआ है।

सुगंधा : महाराज, प्रमदवन में हाथी काठ के ढेर ढो-ढोकर ले जा रहे थे।

वसंतक : काठ के ढेर ढो-ढोकर ले जा रहे थे। हाथी और वह भी प्रमदवन में...कितनी अद्‌भुत कल्पना है...अभी कहेगी...वे हाथी आकाश से काठ के ढेर ले-लेकर उतरे और फिर आकाश में उड़ गए...

सुगंधा : आर्य वसंतक, आप को मेरा अपमान करने का कोई अधिकार नहीं...महारानी की ओर से मुझे जो काम दिया गया था, मैंने किया...वह सैरन्ध्री है, महारानी के लिए साज-सज्जा का काम करती है वितानिनी नाम है उसका...उसने कहा कि महाराज को तत्काल सूचित कर दे...मैंने सूचना दी...

वसंतक : अरे तेज है...तेज है भाई...तेज दिखा दिया दासी ने...स्त्री का तेज *(फिक् फिक् करके हँसता है)*

सुनास : महाराज—यह दासी न केवल आपके परम मित्र वसंतक का अपमान कर रही है राजसभा का बहुमूल्य समय भी नष्ट कर रही है...इसे दंड दिया जाना चाहिए...

शक्तिभद्र : महाराज, मुझे ध्यान आ गया...वह सत्य कह रही है...

वसंतक : अच्छा, अब आप को सत्य का साक्षात्कार हो गया...क्या सत्य है सेनापति जी...

शक्तिभद्र : सत्य यह है कि यह सारा प्रसंग अभी जो बात हो रही थी सार्थवाह धनसागर की...उससे जुड़ा है...

वसंतक : गए काम से! अभी प्रमदवन में हाथी घुसे थे अब सेठ धनसागर भी वहीं आ पहुँचे...राजन्, सेनापति जी को भी वातरोग के साथ-साथ सन्निपात ही है...

शक्तिभद्र : अरे मुझे बात पूरी करने विदूषक...गंभीर प्रसंग में तुम अपनी मसखरी मत घुसेड़ो...महाराज...मुझे ध्यान आया कि आज ही कुछ शकट भरकर के काष्ठों का भार लाया गया था द्वैत वन से हस्तिनापुर में...हमें बताया गया कि काष्ठभार प्रमदवन में पहुँचाने के लिए पंद्रह या बीस हाथी चाहिए...क्यों कि प्रमद वन में सँकरी वीथियाँ हैं, जिन से होकर शकट नहीं जा सकते...तो हमने सेना के बीस हाथी भेज दिए थे...तो प्रमदवन में काष्ठ लाद-लादकर हाथी

पहुँचे हैं यह बात तो यह दासी सत्य कह रही है...कभी-कभी किसी हाथी को मद चढ़ जाता है...

दुष्यंत : सुगंधा, हाथियों ने कहीं दारुपर्वत को तो क्षति नहीं पहुँचाई?

सुगंधा : मैं तो वह बताने आई थी महाराज कि वह दारुपर्वत... लकड़ियों का पहाड़ जो वहाँ बन रहा है, उसको एक हाथी ने टक्कर दे-देकर गिरा दिया...

दुष्यंत : ऐसा कैसे हो सकता है...वह दारुपर्वत देवी वसुमती का एक बड़ा स्वप्न है...देवी वसुमती कहाँ हैं?

सुगंधा : वे तो अपने महल के झरोखे से देख रही थीं...जब वह हाथी गिरा रहा था पहाड़...देखकर वे मूर्च्छित हो गईं...

वसंतक : *(सेनापति से)* बात सचमुच गंभीर हो गई भाई...

दुष्यंत : सेनापति, तत्काल उस हाथी को वश में करने के लिए सैनिक लेकर जाओ...

शक्तिभद्र : महाराज की आज्ञा हो तो इन दोनों किरातिनों—जर्फरी और तुर्फरी को भी साथ ले लूँ...

दुष्यंत : इनका वहाँ क्या काम...

शक्तिभद्र : महाराज, ये पागल हाथी को शांत करने के मंत्र जानती हैं, ये उस वन में रहीं जहाँ हाथी बहुत हैं...

दुष्यंत : गजशास्त्र के ज्ञाता सोमदेव को भी साथ में लो...हम भी महारानी को आश्वस्त करने के लिए अंतःपुर जाएँगे...

[सबका प्रस्थान]

तीसरा अंक

[समय अपराह्न। स्थान—द्वैतवन का एक भाग, पहले अंक के अंतिम दृश्य के समान। विश्पला का प्रवेश। पहले से बूढ़ी लगती है। आवाज में शिथिलता और कंपन। लकड़ी के सहारे चलकर आती है।]

विश्पला : ए निम्बा, ए शिम्बा...कारु, यवस...कहाँ चले गए सब?

[एक ओर से निम्बा और शिम्बा, दूसरी ओर से कारु और यवस का प्रवेश]

निम्बा, शिम्बा : क्या हुआ माँ?

विश्पला : गीध ऊपर मँडरा रहे हैं, वे कुछ बताना चाह रहे हैं, लगता है वे कह रहे हैं कि अरण्यानी देवी पर हमला होगा...

निम्बा, शिम्बा : क्या कहती हो? हमारी अरण्यानी पर हमला कौन कर सकता है?

कारु : माँ! देवी अरण्यानी!! हम लोगों को बचाना!!!

[नेपथ्य से अरण्यानी सूक्त का पाठ]

तू है निर्भय, निर्विकार तू जन-जन की रक्षक
तू हम सब की सदा स्वामिनी हम हैं तेरे सेवक
तू शक्तिमयी, अनुरक्तिमयी तू आनन्दमयी है
हर इक संकट में माँ! हमने तेरी बाँह गही है।
अरण्यानी! अरण्यानी!!

[बीच-बीच में सामान से लदे छकड़े के चलने की चूँ चरर मरर]

इन सब आवाजों के ऊपर एक तेज आवाज - ए माता, ए अरण्य माँ! रक्षा करना माँ!!

विश्पला : देखो तो कौन गुहार लगा रहा है?

यवस : माषीण होगा।

[छकड़ों के चलने की आवाजें पास आती हुई]

शिम्बा : कुछ सुना—यह गड़गड़ाहट कैसी हो रही है, धरती डोलती सी लगे है...

कारु : तुम लोगों को कुछ पता ही नहीं है अब तक इस वन में क्या हो रहा है इतने दिन से...

निम्बा : क्या हो रहा है?

कारु : नित प्रति ले जाते हैं छकड़ों में लाद-लादकर लकड़ियाँ।

विश्पला : कौन लोग ले जाते हैं बच्चा?

कारु : नगर के लोग हैं माता, कहते हैं एक पहाड़ बना रहे हैं राजधानी में राजमहल के भीतर।

विश्पला : राजमहल के भीतर पहाड़ और लकड़ी का...ऐसा तो कभी न सुना...

कारु : रानी के सैर सपाटे के लिए...

निम्बा : अरे इतनी लकड़ियाँ—

शिम्बा : कभी नहीं देखीं क्या?

[इन संवादों के दौरान सामान से लदे छकड़े के चलने की चूँ चरर मरर पास आकर दूर जाती है।]

निम्बा : अरे ढेर का ढेर इतनी बड़ी गाड़ी में चार-चार मोटे-मोटे बैल जुते हैं—

विश्पला : अरे कारु, तू क्या करता रहा इतने दिन...तेरा काम है न कि पेड़ कोई न काटे...

कारु : हम क्या करते? हस्तिनापुर से वनपाल आ गए—हम लोगों को तो सूखी टहनियाँ भी ले जाने से रोकते हैं और पेड़ के पेड़ कटवाकर लकड़ियाँ नगर भेज रहे हैं, इनके साथ सेना

है, हथियार लिए सिपाही हैं...

यवस : वनपाल यही बोले हैं। कह रहे थे महारानी के लिए नया प्रासाद बनेगा। हस्तिनापुर में इतने अच्छे वृक्ष नहीं हैं—यहाँ तो धव, सर्ज और सरल के पेड़ों का काष्ठ मिल जाता है न।

कारु : हम शीत में ठिठुर रहे थे, हमने कुछ टहनियाँ तोड़ीं कि पुण्याग्नि जलाएँगे, तन को सेंक लेंगे। वनपाल ने हमसे टहनियाँ छीन लीं। कहे यह राजा की संपत्ति है तू चुरा रहा है।

विश्पला : पहले तो वनपाल यहाँ नहीं था वह कैसे आ गया...

कारु : वही तो बता रहे हैं...कहते हैं यहाँ किसी राजा दुष्यंत का राज्य है, उनकी ओर से हम भेजे गए हैं...वन को घेरते जा रहे हैं ये लोग...बता रहे थे कि महाराज स्वयं आएँगे और मृगया करेंगे...

निम्बा : मृगया? वह क्या होती है?

कारु : मुझे क्या पता क्या होती है। जैसी बात वे लोग करते रहते हैं उससे लगता है कि वन के पशुओं को और हम लोगों को भी घेर-घेरकर मारेंगे! यही मृगया है...इसके लिए घेराबंदी चल रही है कई महीनों से...

विश्पला : अच्छा? आखेट करेंगे? पर आखेट तो बरस में एक बार ही होता है फगुवा आखेट। उन लोगों को रोकना पड़ेगा, इस महीने में आखेट करना तो हमारे धरम के विरुद्ध होगा।

कारु, माषीण : हम लोग कैसे रोक सकते हैं?

विश्पला : तुम लोग सब निकम्मे सिद्ध हुए...मैं अब बूढ़ी हो गई, एक समय था जब मैं हाथ में तीर-कमान लेकर निकलती, तो संसार का कोई वीर मेरा सामना न कर पाता...पर अब आँखों को दिखाई नहीं देता, एक पाँव लोहे का जो लगा था...वह काम का नहीं रह गया, दो बार उसे बनवाया अश्विनी वैद्य से...

निम्बा, शिम्बा : अब क्या होगा माँ...? अभी तक ऐसा नहीं हुआ! हम

निश्चिंत थे...कभी-कभी दस्यु आते थे...हम मार भगाते थे, पर यह तो हस्तिनापुर की बड़ी सेना है, वन में आए दिन कोहराम मचा रहता है, जो शिविर लगा रखा है, वह अभेद्य है...

विश्पला : वह लड़की क्या करती है...हम सब ने मिलकर उसे मुखिया बनाया है...

निम्बा : कौन शकुंतला? हाँ उसका काम तो बहुत चौकस है, पर हस्तिनापुर के लोग बहुत चालाक हैं। वह उनसे पार पा सकेगी?

शिम्बा : और वह अभी बहुत छोटी भी तो है—

विश्पला : कितने साल बीत गए, मैंने उसको देखा नहीं जब वह पास के जंगल में कण्व को मिली थी, मैंने उसी समय कहा था कि यह अरण्यानी की बेटी है...यह हमें बचाएगी विपत् से...उसे कण्व ने धनुर्वेद सिखाया है, पढ़ाया भी है, वह गुणी है, ज्ञानी है। वह वन के हरिणों से बात कर लेती है...वन के पेड़ उसकी बात सुनते हैं...जाओ उससे कहो, वह हमारी रक्षा के लिए आगे आए...

[कोलाहल। कौवों, गीधों, चीलों की आवाजें। संपाति और जटायु का प्रवेश]

संपाति : जटायु ! मेरे भाई!

जटायु : कहो भाई!

संपाति : कुछ बात समझ में आई?

जटायु : नहीं भाई...

संपाति : राजा आया है वन में...सेना उसकी रौंद रही है वन को...

संपाति : यह कैसा विकट चीत्कार है?

जटायु : *(देखकर)* घेरा डाल रहे हैं, मृगया के लिए...

[संपाति ठठाकर हँसता है]

जटायु : हँस क्यों रहे हो भाई?

संपाति : वे जो घेरा डाल रहे हैं उसमें वे स्वयं घिर जाएँगे...

जटायु : अच्छा? पर कैसे?

संपाति : क्यों कि घेरे बनाना जानते हैं उन्हें तोड़ना नहीं...

जटायु : लो घेरा डालने वाले तो आ पहुँचे।

[घेरे या समूह का प्रवेश। लगभग बीस लोग, उनमें से कुछ हाथों में डफ, ढोल, शंख लिए हुए तीव्र स्वर में चिल्लाते हुए आते हैं।]

आधा समूह : दिग्ले दिग्ले...

शेष समूह : दिग्ले दिग्ले...

आधा समूह : जम्बुकपलितकते तेचाम्...

शेष समूह : जम्बुकपलितकते तेचाम्...

सब एक साथ : दिग्ले दिग्ले दिग्ले दिग्ले जम्बुकपलितकते तेचाम्...
दिग्ले दिग्ले दिग्ले दिग्ले जम्बुकपलितकते तेचाम्...
जर्जर कर जर्जर कर कर जर्जर जर्जर कर!

[नेपथ्य से कोलाहल। शंखनाद, दुंदुभि या नगाड़े के पीटने की आवाज। घेरा बाईं ओर से बढ़ता हुआ दाहिनी ओर जाता है। शक्तिभद्र भागता हुआ आता है। इसके पीछे तीन सैनिक हैं।]

शक्तिभद्र : यह घेरा जैसा सोचा था उस तरह क्यों नहीं बढ़ रहा?...क्या यह विपरीत दिशा में मुड़ गया...अरे! राजा को देखो राजा को...ए सुनो!! राजा कहाँ है?

[घोड़ों की हिनहिनाहट, रथों के चलने की आवाजें, घंटियों के बजने का स्वर, क्रमशः पास आती हाथियों की चिंघाड़, शेरों के दहाड़ने की आवाजें।]

[प्रकाशवृत्त मंच के दाहिने भाग पर केंद्रित होता है। दाहिनी ओर के भाग में भागते सैनिक आते हैं।]

सैनिक-1 : रौंद डालो। वन को तहस-नहस कर दो।

सैनिक-2 : यह वन हस्तिनापुर के लिए सदा से संकट रहा है।

सैनिक-3 : यह इतना दुर्गम क्यों है? वन नहीं दुर्ग है।

सैनिक-1 : कहते हैं दुर्गा बसती है इसके भीतर।

सैनिक-2 : *(टीले पर चढ़कर दूर देखने का अभिनय करता हुआ मंच के बाएँ भाग की ओर इशारा करके)* देखो-देखो उधर, कोई वनग्राम लगता है।

शक्तिभद्र : तुम लोग राजा के रथ के साथ थे न...

सैनिक-1 : रथ? रथ अब कहाँ है?

शक्तिभद्र : क्या बकते हो?

सैनिक-1 : अरे सेनापति जी हैं...क्षमा करें, क्षमा करें पहचान नहीं पाए...बड़ी विपत् पड़ी है...

सैनिक-2 : इस बीहड़ वन में रहकर बुद्धि भ्रष्ट हो गई सेनापति जी!...तिस पर हमारे देखते-देखते हाथियों ने राजा का रथ कुचल दिया!!

शक्तिभद्र : क्या? और तुम लोग क्या कर रहे थे?

सैनिक-3 : हम लोग हाथियों का सामना न कर पाए...हम उन पर बाण चलाते तो वे और भी बिफरकर हम पर टूट पड़ते!

शक्तिभद्र : तो फिर राजा कहाँ हैं?...वे तो रथ में थे...

सैनिक-1 : राजा का क्या हुआ हम नहीं देख पाए...कदाचित् वे रथ से कूद गए थे...

सैनिक-2 : हाँ हाँ कूदे तो थे मैंने देखा..और वे दो स्त्रियाँ थीं उनके साथ।

शक्तिभद्र : जर्फरी और तुर्फरी...

सैनिक-2 : हाँ वे नहीं भागीं...

[हाथियों की तेज चिंघाड़, कई लोगों की चीख पुकारें...भागो-भागो कुचले जाओगे बचो-बचो के स्वर। वसंतक का प्रवेश]

सैनिक-2 : *(घबराकर)* भागो भागो, भाग लो भाई यहाँ से...

शक्तिभद्र : क्या हुआ, क्या हुआ?

सैनिक-2 : सेनापति जी, हाथियों का झुंड है, वे सब कुछ रौंदते हुए तहस-नहस करते हुए इधर ही चले आ रहे हैं...भागिए-भागिए...

[सब भागते हैं। दूसरी ओर से वसंतक का प्रवेश]

वसंतक : *(हाँफते हुए जोर से बड़बड़ाता हुआ)* थक गए भैया बहुत थक गए! अब न दौड़ा जाएगा। राजा तो दूर निकल गए... कहाँ तक दौड़ते...सत्यानाश हो इस सेनापति शक्तिभद्र का! खूब मना किया था कि मृगया की बात मत कर। नासपीटा नहीं माना। राजा को उल्टी-सीधी पट्टी पढ़ाकर यहाँ ले ही आया...अब यहाँ मर-खप जाएँगे तो किसी को पता ही न चलेगा...अब हमसे नहीं होती दौड़-भाग... हस्तिनापुर में रहकर हम हो गए सुविधाभोगी...यहाँ न सुकोमल शय्या है, न हाथ-पाँव दबाने के लिए दासियाँ हैं...राजा की चाकरी यह भी कराएगी, यह तो सोचा न था...

[भागते हुए तीनों सैनिक आते हैं।]

सैनिक-2 : अच्छा हुआ हाथियों का झुंड दूसरी ओर निकल गया...बच गए भैया बाल-बाल बच गए...

सैनिक-3 : पर सर्वनाश बहुत हुआ है...

सैनिक-1 : अरे बामन देवता तो ये रहे...ये भी महाराज के साथ ही थे *(विदूषक से)* बामन देवता, महाराज कहाँ रह गए?

वसंतक : भैया, हम से दौड़-भाग नहीं होती...हम बहुत पीछे रह गए थे...एक तो इतनी ऊँची-नीची ऊबड़-खाबड़ धरती...ये हमारे चलने तक के योग्य धरती नहीं है...दौड़ेंगे कैसे...बड़ा भीषण अरण्य है भाई! कहा था—मत ओखली में माथा घुसेड़ो!! पर साले सुनते नहीं हैं!!!

सैनिक-2 : किसका कह रहे हो पंडित?...

वसंतक : उस शक्तिभद्र सेनापति का...पर उसको भी क्या कहें?...हम तो अपने ही करम को रो रहे हैं!...इस बीहड़ में कभी कोई भालू पता नहीं किस झाड़ी से बाहर निकले और उठाकर ले जाए...मेरा मतलब है मादा भालू...कहते हैं मादा भालू पुरुषों को उठा ले जाती हैं और उनके साथ रमण करती हैं...

सैनिक-1 : तुम बड़े सुरूप हो न पंडित, तो मादा भालू का मन आ ही जाएगा तुम्हारे ऊपर...

वसंतक : तब फिर मेरी ब्राह्मणी का क्या होगा...मेरी प्यारी घरवाली का...

सैनिक-2 : अब उसकी याद आने लगी...हमारी भाभी की...नगर में थे तो कभी नाम न लिया बिचारी का...

वसंतक : *(चिढ़कर)* खड़े क्या हो तुम लोग? ढूँढ़ो राजा को...

सैनिक-3 : अरे तो किधर ढूँढ़ें पंडित! जंगल है बहुत घना...

वसंतक : सचमुच घना जंगल है, अनमना घिनौना जंगल है...ये वटवृक्ष कितनी मोटी-मोटी इनकी जड़ें लटक रही हैं, ऐसा लगता है जड़ें नहीं कोड़े हैं, जो हमारी पीठ पर अभी बरसने लग जाएँगे...पता नहीं कब कौन-सी कँटीली झाड़ी हमें अपनी कटीली शाखाओं में फँसा ले...बड़ी विपत् है भाई...तिस पर राजा का इस तरह लुप्त हो जाना...

सैनिक-1 : रथ पर भी तो नहीं हैं राजा...रथ नष्ट हो गया...रथ होता तो उसकी पताका दूर से दिखती। घोड़े हिनहिनाते, तो पता चल जाता...

वसंतक : एक हिरन था...उसका पीछा कर रहे थे—हिरन क्या हिरन का बच्चा समझो...पर दुर्लभ हिरन...ऐसा कहीं न देखा... सुंदर...कृष्णमृग...राजा का भी मन आ गया...कहने लगे, कहाँ तक भागेगा, बच्चा ही है इसको जीवित पकड़ेंगे, पालेंगे...कितना सुंदर है...प्रशंसा कर रहे थे...

[भागते हुए भषक और चषक आते हैं।]

सैनिक-1 : ए भषक! कहाँ जा रहे हो?

सैनिक-4 : तुम लोगों ने इधर जाते हुए तो नहीं देखा महाराज को?

सैनिक-2, 3 : हम लोग महाराज को ही ढूँढ़ रहे हैं...

वसंतक : महाराज रथ से एक हरिण का पीछा करते हुए बहुत आगे निकल गए...

भषक : महाराज वन में कहीं दूर निकल गए हैं...रथ टूट गया था...घोड़े कुचल गए थे...

शक्तिभद्र : वे सुरक्षित हैं...

चषक : ईश्वर रक्षक है सेनापति जी...वह जर्फरी और तुर्फरी का रूप धरकर बचा लेता है...

शक्तिभद्र : कहना क्या चाह रहे हो?

चषक : जो देखा वह विचित्र है किंतु सत्य है। सत्य यह है कि प्रलय तांडव हमने देखा। हमने देखा कि वे दोनों स्त्रियाँ जर्फरी और तुर्फरी मतवाले हाथी पर चढ़कर नाच रही हैं। हाथी ने कुचल दिया था महाराज का रथ, और हाथी को कुचल दिया उन दोनों ने...अब महाराज बचकर निकल गए या इस महाविपत् में उनका कुछ हो गया यह नहीं कह सकते...

शक्तिभद्र : पता भी है या यों ही हाँक रहे हो।

चषक : झूठ क्यों बोलूँगा...आपको विश्वास नहीं तो परिघ से पूछ लीजिए वह भी था, हम लोगों ने देखा...

शक्तिभद्र : अरे तो महाराज कहाँ हैं मूर्खो?

चषक : महाराज नहीं रहे महाराज!

शक्तिभद्र : क्या बक रहा है बकबकिए...जानता है क्या कह रहा है? जो तूने कहा तेरी खाल खिंचवाकर उसमें भुस भर देंगे... उलटा-सीधा कुछ भी बके जा रहा है, बके जा रहा है...

भषक : सेनापति जी, आप इस तरह आवेश में केश मत नोंचिए, अपने देशकाल का विचार कीजिए...हम यहाँ परदेश में...विपत् हमारे ऊपर छा गई घनघोर...इस ओर खाई तो उस ओर कुआँ...

शक्तिभद्र : यह मूर्ख तो बावला हो चुका...

भषक : सच है, यहाँ पहाड़ी-झरनों का पानी पी-पीकर हमारा तो हो गया पेट खराब...आप इससे पूछिए न, इससे इसका गुर्दा कड़ा है...यह बता देगा...

शक्तिभद्र : हाँ, तू बता!

चषक : मैं कह नहीं सकता कि जो चषक कह रहा है कहाँ तक सत्य है...पर यह अवश्य कहना चाहूँगा कि अंतिम दर्शन जब हमने किए महाराज दुष्यंत के उस समय उनका रथ हाथी कुचल चुका था, वे दोनों स्त्रियाँ जर्फरी और तुर्फरी इस हाथी को वश में करके उसके ऊपर चढ़कर नाच रहीं थीं...

शक्तिभद्र : *(बाल नोंचता हुआ)* ओह फिर नाच...जाओ तुम लोग खोजो कहाँ हैं महाराज...

[तीनों जाते हैं, दूसरी ओर से दोनों वैतालिकों का प्रवेश]

वैतालिक-1 : ओह! कितना भयंकर है यह सब...एक तो यह वन ही इतना डरावना।

वैतालिक-2 : मृगया ऐसी विकट होगी यह न सोचा था—हाथियों के कारण विनाश हुआ है, ओह! शिविर के सारे स्तंभ ढह गए, या कुचल डाला, कितने लोग रौंदे गए, वनवासी ही नहीं स्त्रियाँ भी, जो भाग न सकीं, मारीं गईं...हमारे सैनिक...यह तो कहो कि हम लोग बच गए...

वैतालिक-1 : मैंने तो बहुत सुंदर काव्य लिख डाला था बंधु महाराज के मृगया प्रयाण पर...हस्तिनापुर से महाराज चलते हैं मृगया के लिए, नगर की सुंदरियाँ झरोखों से निहार रही हैं...किसी का अंशुक कंधे से खिसक गया है, किसी के केश खुलकर बिखर गए हैं, सोचा था इस काव्य को मृगया में महाराज के पराक्रम का वर्णन करके पूरा करूँगा...यहाँ तो सब कविता छूट गई...इस भयानक वन में, घिनौने वन में शब्द

गुम गए...छंद कुचल दिए गए...

वैतालिक-2 : कविता-वविता छोड़ो...अपने प्राण बचाने का सोचो...आज प्रातः जो घेरा डाला गया वह कुछ असामान्य था...

वैतालिक-1 : घेरा नित्य ही तो डाल रहे हैं—कितने प्राणी अकारण मारे जाते हैं...जितने खाना है उतने मारें...पर क्या कह रहे थे तुम, क्या असामान्य था आज?

वैतालिक-2 : मैंने सेनापति को कहते सुना कि घेरा डालने वाले में भेदिए घुस गए हैं, वे उधर जो वनग्राम है, उसके निवासी हो सकते हैं, वे इस वन का चप्पा-चप्पा पहचानते हैं, वन बड़ा दुर्गम है भाई, भटक गए तो मार्ग खोजते-खोजते दम निकल जाएगा यहाँ से बाहर न निकल पाएँ... कदाचित्...

वैतालिक-1 : कदाचित् क्या?

वैतालिक-2 : स्पष्ट तो नहीं समझ पा रहा हूँ पर कोई संकट की छाया हम सब पर मँडरा रही है...यह मृगया सामान्य मृगया नहीं थी...यह बात हम लोग न समझ पाए उस दिन...उस दिन हम राजसभा से कुछ पहले चले आए थे न...उसके बाद मंत्रणा हुई है...तो यह मृगया एक विजय अभियान भी है वनग्राम के लोगों को अपने साथ जोड़ने का प्रयास भी है, पर यह प्रयास विफल होता लग रहा है न...लोगों की सभा हुई उसमें इन लोगों ने महाराज के प्रस्तावों को अस्वीकार कर दिया...अभी पता चला कि घेरा डालने के बहाने वनग्राम पर आक्रमण करने की योजना सेनापति ने बना डाली थी, वह उन लोगों को पता चल गई, तो आज ये लोग महाराज को ही घेरते हुए कहीं...

[परिघ का प्रवेश]

भषक : अरे कविजी आप यहाँ हैं दोनों...आप ही को पुरोहित जी खोज रहे थे।

वैतालिक-1 : हैं कहाँ पुरोहित जी?

परिघ : उधर, जहाँ यज्ञ मंडप बनवाना है, रास्ता इधर से है इधर से, आइए इधर से...

[सबका प्रस्थान]

दृश्य-2

[समय वही। स्थान—द्वैत वन का दूसरा भाग। दूसरी ओर से दुष्यंत प्रवेश करता है।]

दुष्यंत : ओह, सब सैनिक पीछे रह गए, घेरा डालने वाले जो मेरे साथ भाग रहे थे वे भी कहाँ लुप्त हो गए...और यह हिरन का शावक...इन लोगों ने झूठ कहा कि वह स्वर्णमृग है... कृष्णमृग था, वह कितना सरपट भागता-भागता कहाँ से कहाँ मुझे ले आया...रथ छूट और टूट गया, सारे साथी छूट गए...हाथियों ने ऐसा उत्पात मचाया है, हमारे लोग मनुष्यों का सामना कर सकते हैं हाथियों का नहीं...वे दो स्त्रियाँ न होतीं तो हाथी रथ सहित हमें कुचल देता...*(चक्कर लगा कर)* इधर तो मरुस्थली लगती है बाईं ओर, कोई आश्रम लगता है...तो इधर ही बढ़ता हूँ, प्यास से गला चटक रहा है, सेनापति ने मुझे मृगया के किस प्रपंच में फँसा दिया, कहता था कि क्षत्रिय के लिए मृगया शस्त्रसंधान का सबसे अच्छा अभ्यास है, तेजी से भागते हरिण या खरगोश पर तीर चलाना युद्ध में प्रवीण बना देता है...मृगया विजय अभियान का मंगलगान है, शक्तिसंवर्धन में सहायक है और अपनी काया को भी स्फूर्त रखने का माध्यम है...सबसे उत्तम व्यायाम, थुलथुल काया छँटकर छरहरी हो जाती है मृगया से...इससे मन का बहलाव भी होगा, बदलाव भी होगा, आनंद भी मिलेगा। क्या बदलाव, क्या बहलाव, क्या आनंद...हलकान हो गए उल्टे...

(अचानक तीर लगने का अभिनय) अरे यह क्या, किसी ने तीर छोड़ा है...मेरा धनुष...कहाँ है मेरा धनुष। वह नीचे गिर पड़ा...इस दुर्गम वन में ऐसा कौन धनुर्धर है, अचूक जिसका लक्ष्य है...*(दो-तीन कदम चलकर धनुष उठाने का अभिनय)* अरे यह क्या, जब तक मैं धनुष उठाऊँ, वानर मेरा धनुष लेकर भाग रहा है...और वह पेड़ पर जा चढ़ा...यह क्या, यहाँ के वानर भी हँसी-ठिठोली करते हैं, दे भाई, दे-दे मेरा धनुष...वह तेरे क्या काम का...*(खीं-खीं की आवाज)* यह तो उल्टे मुझे मुँह चिढ़ा रहा है, यह ऐसे नहीं देगा...*(पुकार के स्वर में)* कोई है, कोई है?...*(आवाज गूँजती है)*—ओह! यहाँ कौन होगा, उल्टे पहाड़ों की गुफाएँ मेरी पुकार लौटा-लौटाकर मुझे चिढ़ा रही हैं...मेरे सेवक, पीछे चलने वाले सैनिक, सब कितने अकर्मण्य निकले...वे भागकर मेरे पीछे नहीं आ सके। अब यहाँ कोई नहीं जो इस दुष्ट वानर को पकड़ सके, उससे मेरा धनुष छीनकर ला सके...मैं दंड दूँगा इन सबको! यह वन, यहाँ के लोग मेरे राज्य में आते हैं...मैं इनको दंड दूँगा...(आगे बढ़ता है) मेरी तलवार, मेरा प्रास, तोमर सब रथ में रखे रह गए...रथ की ऐसी दुर्दशा कर दी पागल हाथियों ने कि उसे छोड़कर आगे बढ़ना पड़ा...सोचा, सँकरी पगडंडी से मार्ग मिल जाएगा...दिग्भ्रम हो गया... ओह...सब कुछ कितना खिझाने वाला! कितना कष्टकर!! उचित होगा कि सबसे पहले तो मृगया का परामर्श देने वाले उस सेनापति को मैं दंड दूँ...प्यास से गला चटख रहा है...थोड़ा जल मिल जाता...सूर्यदेवता इतने तीखे क्यों हैं...लगता है कि माथे पर टपक पड़ेंगे और जला डालेंगे... घाम भी कितना...शरद में इतना तेज घाम...(घूम कर) इधर हरे-भरे पेड़ हैं, फूलों वाले पौधे...तुलसी के पौधे... स्थलकमल...सुंदर है सुंदर है...कास के फूल सुंदर सफेद फूल...लगता है कुछ लोग इधर रहते हैं...आश्रम लगता

है...यह रही नदी, आह अब इसके किनारे-किनारे चलकर मैं अपना शिविर खोज सकूँगा...पहले इस आश्रम में चलकर देखूँ...कोई यहाँ होगा...अरे इधर ये मुनि जन संध्यावंदन कर रहे हैं...इधर हवन का धुआँ निकल रहा है, मध्याह्न के अग्निहोत्र का समय हो गया...

[इन संवादों के साथ वेद मंत्रों के पाठ की ध्वनि पास आती-जाती है। कुछ ब्रह्मचारी समिधा पुष्प आदि हाथ में लिए जाते हुए दिखते हैं।]

दुष्यंत : सुनो ब्रह्मचारी, सुनो...

ब्रह्मचारी-1 : कहिए, कौन हैं आप, कहाँ से आना हुआ, कहाँ जाना है...

ब्रह्मचारी-2 : अरे सामश्रवा, कैसे दुरंत प्रश्न तू ने एक अपरिचित से पूछ लिए, जब कि यह शास्त्रार्थ का समय नहीं है...हम कौन हैं, कहाँ से आए हैं कहाँ जाना है—ये तो जीवन के सबसे कठिन प्रश्न हैं...अभी न प्रश्नोपनिषद् की आवश्यकता है, न केनोपनिषद् की...

दुष्यंत : सुनिए-सुनिए, उपनिषद् मैंने भी पढ़े हैं पर अभी मुझे शास्त्रार्थ नहीं करना...मैं एक प्यासा पथिक हूँ...कुछ जल मिल जाता! नदी अभी दूर है...

ब्रह्मचारी-2 : सत्य है, नदी अभी दूर है...और दूर होती जाएगी...

दुष्यंत : और दूर होती जाएगी—इसका क्या अर्थ?

ब्रह्मचारी : इसका अर्थ यह कि पथिकों को इस वन में दिग्भ्रम बहुत होता है...लगता है नदी यह रही यह रही...जैसे-जैसे वे आगे बढ़ते हैं, हंस, बक, चातक दिखते हैं, सोचते हैं कि नदी पास है पास है, पर नदी वास्तव में इतनी पास नहीं है, पास होकर भी दूर है, यह कह सकते हैं...

ब्रह्मचारी-1 : क्षमा कीजिए, यह सुमेधा जो है इसे वाद करने का बड़ा व्यसन है...बात का बतंगड़ बना देगा...आप थके लगते हैं, पास ही में कुलपति कण्व का आश्रम है...आप प्रवेश करें। हम ये समिधाएँ अपने गुरु गौतम तक पहुँचा दें...इस

ओर से जाइए, इस ओर से फिर दाहिने मुड़िए...

दुष्यंत : *(ब्रह्मचारी की बताई दिशा में आगे बढ़ते हुए)* क्या कुलपति कण्व आश्रम में मिलेंगे?

ब्रह्मचारी-1 : वे तो हमारे आश्रम पर जो संकट आ पड़ा है, उसके निवारण के लिए बाहर गए हैं, उनकी बेटी वहाँ होगी...शकुंतला...वह आपका सत्कार करेगी...

दुष्यंत : *(स्वगत)* शकुंतला...सारे संकटों का मूल तो वही है...

ब्रह्मचारी-2 : जाइए! जाइए!! वह अच्छी तरह सत्कार करेगी आपका... आप नगर के सारे सुख भूल जाएँगे...

ब्रह्मचारी-1 : *(सामश्रवा को खींचकर दूसरी ओर ले जाता हुआ)* अब चल भी! विलम्ब हो रहा है...

[दोनों का प्रस्थान।]

दुष्यंत : (आगे बढ़कर) गए दोनों...अब क्या करूँ...क्या आगे और बड़ा संकट होगा...पर पीछे भी तो लौटना संभव नहीं...कुछ कुटीर दिख रहे हैं छोटे-छोटे, लगता है बड़ी संख्या में ब्रह्मचारी यहाँ रहते हैं और वल्कल वस्त्र महिलाओं के भी सूखने को लटक रहे हैं, लगता है स्त्रियाँ और बालिकाएँ भी यहाँ रहती हैं, पर शांति कितनी...पक्षी भी धीरे-धीरे चहक रहे हैं...यह मैंने आश्रम में प्रवेश किया!

[दुष्यंत प्रवेश के लिए कदम बढ़ाता है, सहसा दस ब्रह्मचारी हाथों में धनुष लिए आते हैं और पहरा देने की मुद्रा में घुटनों के बल बैठ जाते हैं।]

दुष्यंत : कौन हैं आप लोग...वेष तो ब्रह्मचारियों का काम क्षत्रियों का...

[सहसा दो बालक और दो बालिकाएँ तपस्वियों के वेश में प्रवेश करते हैं। पहली बालिका हाथ में पानी का भृंगार लिए हुए है।]

सब बालक, बालिकाएँ : स्वागतम्, सुस्वागतम्। मङ्गलम्, पावनमङ्गलम्।

दुष्यंत : आप लोग कौन हैं?

बालिका-1 : लीजिए, यह रहा जल! आप को प्यास बहुत लगी थी न...

दुष्यंत : हाँ! प्यास तो बहुत लगी थी...पर कैसे पिऊँ? चषक कहाँ है?

[बालक-बालिकाएँ हँसते हैं।]

बालिका-2 : चषक नहीं है। जल पीना है, तो करपात्री बनना पड़ेगा!

दुष्यंत : करपात्री? ...वह क्या होता है?

बालक-1 : करपात्री नहीं जानते? करपात्री में बहुब्रीहि समास होता है...कर या हाथ ही पात्र है जिसका...

बालक-2 : और केवल करपात्र कहोगे, तो कर्मधारय समास होगा—अर्थात् कर ही पात्र ।

बालक-1 : नहीं, मैं समझता हूँ कि इसमें रूपक हो जाएगा कर रूपी पात्र...

दुष्यंत : आप लोग मुझे व्याकरण पढ़ाने के बजाय यह बता दीजिए कि यह जल मैं कैसे पी सकता हूँ?

बालिका : *(दुष्यंत के हाथ मिलाकर अंजलि बनवाती हुई)* ऐसे...दोनों हाथ मिलाकर चषक बनाना होगा...

दुष्यंत : ओह ऐसे! यह तो मैं भी जानता हूँ। इसे कपोत हस्त कहते हैं। हम पूजा-आराधना में इसे बनाते हैं। पर इससे जल कैसे पिया जाएगा?

बालक-2 : ऐसे!...ऐसे!! *(दुष्यंत के दोनों हाथ उसके मुँह के पास लाता है)* हाँ, अब ठीक है। अब थोड़ा नीचे झुकिए...

दुष्यंत : कैसे झुकूँ? झुकना तो भूल चुका...वर्षों हुए झुका नहीं..

बालिका-2 : सीख जाएँगे। अभी यहाँ आप को कई दिन रहना है न!

बालिका-1 : *(दुष्यंत की अंजलि में पानी गिराती हुई)* अब जल पी लीजिए!

दुष्यंत : *(पानी पीकर)* तृप्त हुआ...ऐसा निर्मल जल जैसे पहली

बार पिया! और अपने ही हाथ से जल पीना! सोचा ही न था कि हाथ जल पीने के काम आ सकते हैं! हा हा हा!! फिर अनुपम आस्वाद भी पाया!!

[बालक-बालिकाएँ हँसते हैं।]

बालक-2 : अभी आपको यहाँ और भी कई तरह के स्वाद मिलेंगे!

बालिका-1 : और हाथों के और कई उपयोग समझ में आएँगे!

[सब फिर हँसते हैं।]

दुष्यंत : कितने हँसमुख बालक-बालिकाएँ हैं—हमारे नगर में ऐसी उन्मुक्त हँसी नहीं सुनने को मिलती, जैसे हिमालय से एक साथ कई छोटे...छोटे झरने लग गए हों...*(बालिका-2 से)* पर बालिके, तुमने यह क्यों कहा कि मुझे यहाँ कई दिन रहना है...*(बालक-2 से)* और तुमने यह क्यों कहा कि अभी मुझे यहाँ कई तरह के स्वाद चखने को मिलेंगे?

बालिका-2 : सब प्रश्नों के उत्तर हम कैसे दे सकते हैं, यह सब तो आप को अय्या बताएँगी...वे ही तो आप को यहाँ लाई हैं...एक बाण से उन्होंने आपका धनुष तोड़ दिया...

दुष्यंत : अय्या कौन...वे मुझे यहाँ कैसे ला सकती हैं...

बालिका-2 : अय्या हमारी बड़ी बहन हैं...वे यहाँ की मुखिया हैं, जितनी पल्लियाँ हैं इस वन में, सब की मुखिया वे हैं...

दुष्यंत : ओह...मेरा अनुमान सत्य था...वह लड़की शकुंतला...इधर रहती है...

बालिका-3 : आप इस पेड़ के नीचे वेदी बनी है, उस पर विश्राम कर लीजिए हम अय्या को जाकर बता देते हैं कि आप यहाँ हैं...

[ब्रह्मचारी वैसे ही खड़े रहते हैं। बालक-बालिकाएँ प्रस्थान करते हैं। दुष्यंत बैठे-बैठे पेड़ के तने से टिककर ऊँघने लगता है।]

दृश्य-3

[द्वैतवन का ही दृश्य-1 का स्थल। दृश्य-1 के बाद लगभग एक घंटा बीत चुका है।]

[देवरात का प्रवेश। चेहरे पर थकान और ऊब का भाव। कुछ बड़बड़ा रहा है।]

देवरात : मैं राजपुरोहित था, यहाँ आकर विदूषक बनकर रह गया! मुझे ऐसे भयानक वन में रहने का अभ्यास नहीं है...मेरी हँसी उड़ाते हैं सैनिक...और राजा? उन्हें तो जैसे मृगया ने पूरी तरह बाँध लिया है!...तिस पर यह विपत्!!...महाराज का इस तरह विलीन हो जाना...यह वन उनको निगल गया कि किसी ने घात किया?...ओह! मैं भी क्या उल्टा-सीधा सोच रहा हूँ...वे परम वीर हैं, उन्हें कुछ नहीं हो सकता... (साँस छोड़कर) किसी तरह यज्ञ संपन्न हो जाए और मैं यहाँ से मुक्ति पाऊँ...और हस्तिनापुर पहुँचूँ...

[भषक का प्रवेश। तेजी से चलकर आने के कारण हाँफ रहा है।]

चषक : क्या बात हो गई भैया भषक? ऐसे काहे हाँफ रहे हो, बैठो, बैठ जाओ, तनिक सुस्ता लो!

भषक : सुस्ताने का समय नहीं है...तुरंत चल देना है...

चषक : क्या? कहाँ चल देना है?

भषक : कहाँ चल देना है यह तो पता नहीं, पर यहाँ से चल देना है...यह स्थान छोड़ देना है...

चषक : सो तो अच्छा ही है...हमें कौन अच्छा लगता है यह स्थान... यहाँ कोई सुविधा नहीं...पर बात क्या हो गई?

भषक : अरे! महाराज का कहीं पता नहीं...

देवरात : *(अनजान बन कर)* क्या कह रहा है मूर्ख!

भषक : सत्य कह रहा हूँ पुरोहित जी!...सारी सेना उन्हें ढूँढ़ रही है।

दिन ढलने को आया...और उनका कहीं पता नहीं...

देवरात : पौरव नरेश दुष्यंत...इस वन में ऐसे अन्तर्धान कैसे हो सकते हैं?

भषक : मृगया के लिए गए थे। भोर होते ही हाँका लगवाया...कहते हैं हाँका लगाने वालों में कुछ अपरिचित लोग मिल गए थे...कुछ लोग घात लगाए बैठे हैं यहाँ...यह बहुत विकट स्थान है पुरोहित जी—यहाँ क्यों आ गए हम लोग?

[चषक का प्रवेश। हाथ में सामान से भरी टोकरी है।]

देवरात : कुछ पता चला... ?

चषक : हाँ, महाराज सुरक्षित हैं, पर उन तक पहुँचना संभव नहीं है...

देवरात : ओह, ऐसा दुर्गम वन...विकट मार्ग...पग-पग पर हिंस्र पशुओं का डर...*(देखकर)* यह तुम्हारे हाथ में क्या है?

चषक : यह हवन सामग्री है, किधर रखवा दूँ...

देवरात : इधर रख दे...

भषक : सामग्री सब बाँध लेनी है...समेटो-समेटो जल्दी...और व्यर्थ की वस्तुएँ यहीं छोड़ देंगे...

चषक : यज्ञ मंडप तो बनकर तैयार हो गया...पर आसपास स्थान अच्छा नहीं है।

देवरात : क्या करें? मंडप किसी तरह बन पाया...सोचा था एक बड़ी यज्ञशाला बन जाएगी यहाँ...उसकी कोई संभावना नहीं दिखती...गाँव के लोगों का विरोध...वे सहयोग को तैयार नहीं...कितने असभ्य और बर्बर लोग हैं...यज्ञ से तो सभी का कल्याण होगा न...कहते हैं हमारे यहाँ नहीं होता ऐसा यज्ञ...हम नहीं इसमें सम्मिलित होंगे...गीधों की... वनदेवी की...पूजा करेंगे!...यज्ञमंडप बनाने के लिए काष्ठ चाहिए, तो पेड़ न काटने देंगे!...

चषक : बहुत संकट में पड़ गए पुरोहित जी यहाँ आ कर!...इधर

वराह...उधर व्याघ्र, इधर भल्लूक...यही सब देखते-देखते भय के मारे रात भर नींद नहीं आती...खाने को कुछ मिलता नहीं!...ये लोग जैसा पका दें, आग जलाकर उसमें भाले पर मांस के टुकड़े लटकाकर सेंकना...कुछ अधपके कुछ जल गए मांस खंड...यह कोई भोजन है...छिः ...और स्वाद ले-लेकर प्रशंसा करते हुए खाते हैं ये लोग, कहते हैं शूल्यमांस का कहना ही क्या?

चषक : अभी तो इतनी बड़ी सेना साथ है, इसलिए इनका विरोध कुचलकर रख दिया गया...जो अधिक गड़बड़ कर रहे थे, उन्हें पकड़कर बंद कर दिया...

भषक : पर इन लोगों की तीरंदाजी देखकर आनंद आ गया भाई...इस वन के लोगों की...

देवरात : अच्छा, क्या यहाँ के निवासी हमारे सैनिकों से अच्छे धनुर्धर हैं...

भषक : अरे पुरोहित जी, यहाँ के...इस जंगल के लोग...ऐसे-ऐसे तीर चलाना जानते हैं कि उनके सामने कुछ नहीं...समझो आप के ऊपर तीर चलाया...आप का गला काटकर तीर इस चषक की छाती भी छेद डाले और वापस तीर चलाने वाले के पास लौट जाए! ऐसी कला है!

चषक : क्या बक रहा है मूर्ख, यहाँ आकर सारे शिष्टाचार भूल गया?

भषक : बात तो भैया सही है, इस जंगल में आकर जानवर बनकर रह गए...छिमा करना पुरोहित जी...मैंने केवल उदाहरण दिया...मेरे कहने का यह आशय नहीं कि सचमुच में आप पर तीर चला ही देगा कोई...पर भैया है बड़ी विकट जगह... जितनी जल्दी यहाँ से छुटकारा मिले अच्छा है...इसलिए यहाँ से डेरा उठाकर आगे निकल जाएँ, यह भी ठीक ही है सेनापति का कहना...ये जो गाँव है न यहाँ के लोगों को हाँका लगाने और यज्ञ की व्यवस्था में हमारे सेनापति ने लगा तो लिया, पर वे कब पीठ पीछे घात कर देंगे...कुछ

कह नहीं सकते...*(दोनों के बीच पास आ कर, रहस्य बताने के सुर में)* अभी पता चला कि कल रात को इन लोगों की सभा हुई...

चषक : सभा क्या होती है भाई?

भषक : पुरोहित जी जानते होंगे हमें क्या पता।

देवरात : सभा तो वेदों में बताई गई है कोई राजा नहीं होता, सब लोग मिलकर रजामंदी से हर बात तय करते हैं...यही सभा है।

भषक : एकदम पक्की बात कही है आपने महाराज...ये लोग सब बातें सभा में ही तय कर लेते हैं...कल की सभा तो जबरदस्त थी...हमारे गुप्तचर जो थे न उनको ये लोग ताड़ गए और धर दबोचा...

चषक : हे भगवान्...अब क्या होगा...तू तो बड़ी डराने वाली सूचना दे रहा है भाई...

भषक : अरे, यह तो कुछ नहीं है...इसी सभा में तो निश्चय हुआ कि राजा को बंदी बना लेंगे...!!

देवरात : पौरव नरेश के लिए ऐसी बात!!...

भषक : सच कह रहा हूँ...

चषक : महाराज को कैसे बंदी बना सकते हैं भैया?...

भषक : जो भेदिया था न, उसे भी ताड़ गए सभा के लोग...और उसे निकाल बाहर किया...!

[सैनिक का हड़बड़ी में प्रवेश]

सैनिक : ए! तुम लोग क्या यहाँ गप्प करने में लगे हुए हो...सेनापति ने कहा है तत्काल प्रस्थान करना है!

चषक : किधर को प्रस्थान होगा?

सैनिक : हस्तिनापुर!

चषक, भषक : हस्तिनापुर?

सैनिक : हाँ, हम लोग लौटेंगे।

देवरात : पर यज्ञ? वह तो पूरा हुआ ही नहीं...

सैनिक : यज्ञ भी हस्तिनापुर सकुशल पहुँच गए तो वहीं होगा...

सेनापति जी ने आदेश दिया है...

भषक : बात क्या है सच-सच बता, महाराज का पता चला...

सैनिक : वही तो कुछ चिंता की बात है...ये लोग सच-सच बता नहीं रहे हैं, पर मेरी आदत है न अपने कान शिविर के पर्दे से चिपकाकर रखता हूँ, तो सुनने में आया कि महाराज को बंदी बना लिया है, बंदी बनाकर उनको एक आश्रम में ले गए...

देवरात : चलो यहाँ से। मेरा तो कुछ विशेष सामान नहीं है, बस यह पोटली रही, मैं तैयार हूँ।

भषक-चषक : और हम भी...*(प्रस्थान)*

[दूसरी ओर से सेनापति शक्तिभद्र, दोनों वैतालिकों का प्रवेश]

शक्तिभद्र : तो यह निश्चय रहा...ये दोनों कविजन और वसंतक यहाँ रहेंगे...इन लोगों पर यहाँ के वनवासियों का विश्वास है...सेना देखकर तो भड़कते हैं ये लोग..., पुरोहित देवरात, उनके साथ सारी सेना हस्तिनापुर लौट जाएगी...महाराज को बंदी बना लिया गया है, यह बात हमीं तक रहे...

पहला वैतालिक : चिंता न करें सेनापति जी...हम लोग कवि हैं, हम इस पूरी बात को कल्पना के ताने-बाने में उलटकर रख देंगे।

सेनापति : सो कैसे?—

वैतालिक : हम कहेंगे कि महाराज इस आश्रम की लड़की...क्या नाम उसका?

दूसरा वैतालिक : शकुंतला...

पहला वैतालिक : हाँ...उस आश्रम की मृगनयना सुंदरी शकुंतला के प्रेम पाश में बंदी हो गए...उसके रूप पर आसक्त होकर वे वहाँ से हटने का नाम न लें...

दूसरा
वैतालिक : और सेना को भी उन्होंने वापस हस्तिनापुर भेज दिया कि तुम लोगों का यहाँ क्या काम...मृगया उन्होंने बंद करा दी कि जिन मृगों के जैसे नयन मेरी प्रिया के हैं, उन पर तीर कैसे साधूँ? कैसे उनकी हत्या करूँ... ?

सेनापति : बस, बस और ज्यादा बात का बतंगड़ बनाने की भी आवश्यकता नहीं...

[सब का प्रस्थान, काफिले के चलने की आवाजें]

दृश्य-4

[कण्व का आश्रम। दृश्य-2 के बाद लगभग एक घंटा बीत चुका है। दृश्य-2 में दुष्यंत के साथ जो बालक और बालिकाएँ थे, वे आस-पास बैठे हैं, दुष्यंत ऊँघ रहा है, बीच-बीच में खर्राटे भर लेता है। बालक और बालिकाएँ हँसते हैं।]

दुष्यंत : *(जैसे अचानक नींद से जागा हो)* क्या मुझे झपकी लग गई थी?

बालक-1 : जी हाँ, महाराज, और आपकी नाक के भीतर से विचित्र-विचित्र स्वर फूट रहे थे—

दुष्यंत : अच्छा कैसे स्वर?

बालक-2 : कभी तो लगे कि मृदंग बजा, कभी लगे कि भालू गुर्राया, कभी लगे कि वानर...

[सभी हँसते हैं।]

दुष्यंत : अच्छा, आप लोग हमारा उपहास कर रहे हैं?

सभी एक साथ : क्षमा कीजिए महाराज! क्षमा कीजिए हस्तिनापुरनरेश! क्षमा कीजिए राजा दुष्यंत!!

दुष्यंत : आप लोगों को किसने बताया कि हम हस्तिनापुर के राजा दुष्यंत हैं?

बालक : अय्या ने ही तो...

दुष्यंत : आप लोग कब से यहाँ हैं...

बालक-3 : हम से कहा गया था कि आप का ध्यान रखना है...आप को कोई कष्ट न हो...

बालिका-1 : लीजिए अय्या तो स्वयं आ गई यहाँ...

[शकुंतला का प्रवेश। आयु लगभग सत्रह वर्ष। मुख से तेजस्विता झलकती है...आँखों से दृढ़ निश्चय। धीमे पर निष्कंप स्वर में बोलती है।]

शकुंतला : *(बालक-बालिकाओं से)* तुम लोगों ने अतिथि को कोई कष्ट तो नहीं दिया?

बालक, बालिकाएँ : नहीं अय्या!

बालिका : अय्या! ये रहे आपके अतिथि राजा दुष्यंत...

शकुंतला : अच्छा, अब तुम लोग अध्ययन करो जा कर...

[बालक-बालिकाओं का प्रस्थान।]

शकुंतला : स्वागत है चक्रवर्ती महाराज दुष्यंत का...!

दुष्यंत : तो तुम मुझे यहाँ तक ले आई हो?...पर क्यों?...और मेरे सहायक कहाँ हैं? मेरे सैनिक...मेरा सारथी...?

शकुंतला : एक बार में एक प्रश्न...यह आपकी राजसभा नहीं है...

दुष्यंत : ठीक है...सबसे पहले तो मैं यह पूछता हूँ कि तुम हो कौन?...यह अद्भुत रूप यह सौंदर्य जो तीनों लोकों में दुर्लभ है...फिर वेष आश्रम का तपस्विनी का...पर कर्म प्रचंड !!

शकुंतला : *(खिलखिला कर)* हस्तिनापुर के लोग बातें कितनी बनाते हैं, आपका वह सेनापति शक्तिभद्र...उसने भी बहुत बातें सुनाईं हमारे संदेशहर को...धमकियाँ दीं...पर उसको समझ

में आ गया कि हम लोग बात कम करते हैं, कर्म पर अटल हैं...मैं शकुंतला हूँ...ऋषि कण्व की बेटी...

दुष्यंत : शक्तिभद्र...मेरा सेनापति ?—उसे तुम कैसे जानती हो ?

शकुंतला : उसे मैं नहीं जानती...मेरा संदेशवाहक एक ब्रह्मचारी उसके पास गया था जब आप जल पी रहे थे, वह लौटकर आया...

दुष्यंत : शकुंतला तुम क्या करना चाहती हो ?...तुम ने मेरे सेनापति को क्या संदेश भिजवा दिया ?

शकुंतला : मैंने उसे यह संदेश भिजवा दिया कि वह हमारे वन से डेरा उठा ले...सारी सेना साज-सामान के साथ हस्तिनापुर अभी तुरंत लौट जाए...और फिर वे लोग यहाँ लौटकर न आएँ...

दुष्यंत : और तुम समझती हो कि वह तुम्हारे कहने से ऐसा करेगा ?

शकुंतला : करेगा नहीं, वह ऐसा कर चुका...आप का पड़ाव द्वैत वन से उठ गया...

दुष्यंत : मैं नहीं मान सकता...तुमने उसे ऐसा क्या संदेश दिया ?

शकुंतला : यही कि तुम्हारे महाराज हमारे बंदी हैं...हम उन्हें तभी छोड़ेंगे जब यह सारा स्कंधावार...तुम लोगों का शिविर... पड़ाव...सारी सेना, यह यज्ञ का संभार साज-सामान...सब उठाकर तुम सब लोग यहाँ से प्रस्थान करो...

दुष्यंत : इस धृष्टता का परिणाम जानती हो...

शकुंतला : *(हँसती हुई)* इस धृष्टता के कई सुपरिणाम होंगे... हमारी बस्ती में फिर से शांति लौट आएगी...तुम लोग इतने दिन से जो अनाचार करते चले जा रहे हो, उनका अंत हो जाएगा...

दुष्यंत : क्या अनाचार थे हम लोगों के ?

शकुंतला : थे नहीं, हैं। उनका अंत हो गया यह मैंने नहीं कहा, अब उनका अंत हो जाएगा यह कहा है।

दुष्यंत : अच्छा ? क्या अनाचार हैं...हमारे...हस्तिनापुर के... ?

शकुंतला : अनाचारों की एक लम्बी परंपरा है राजन्...हस्तिनापुर हमारे लिए एक बड़ा त्रास बन गया है...

दुष्यंत : यह तो ऐसी बात हो गई कि उल्टा चोर कोतवाल को डाँटे !

यह वन...यहाँ के वनवासी लोग हमारे लिए आतंक बने हुए हैं...

शकुंतला : हम अपनी बस्ती में सुखी हैं...हम कभी क्या हस्तिनापुर में हस्तक्षेप करने गए? फिर हस्तिनापुर हमारे जीवन में घुसपैठ क्यों करता है? वह हमें सुख से क्यों नहीं रहने देता?...हमारे वनों से काष्ठ ले जाया जा रहा है, यहाँ से स्त्रियों का अपहरण हो रहा है...इसलिए कि तुम्हारी रानी के लिए दारुपर्वत बनेगा!...तुम्हारे सामंतों और श्रेष्ठियों को दासियाँ चाहिए!!...

दुष्यंत : क्या हम लोग मिल-बैठकर इन बातों का विचार नहीं कर सकते? अभी तो मैं यहाँ आया ही हूँ...थका-हारा हूँ!

शकुंतला : *(हँसती हुई)* हाँ! थके-हारे तो हो तुम! तुम्हें विश्राम की आवश्यकता है...आओ मेरे साथ...

[दुष्यंत आगे बढ़ता हुआ लड़खड़ाता है।]

शकुंतला : सँभलकर चलो राजा दुष्यंत!...वन की धरती ऊबड़-खाबड़ है और तुमने कदाचित् पहली बार धरती पर पाँव रखे हैं... ये सुकोमल पाँव क्षत-विक्षत न हो जाएँ...*(हँसती हुई उसका हाथ पकड़कर सहारा देती है)* इधर से आओ...तुम्हारे लिए एक कुटीर है...

दुष्यंत : ये ब्रह्मचारी धनुर्धारी क्या ऐसे ही खड़े रहेंगे यहाँ...इन्हें अपना अध्ययन...पाठ पूजन...स्वाध्याय...भी तो करना होगा न?

शकुंतला : *(खिलखिला कर)* वे जानते हैं कि उन्हें कब क्या करना है। आओ...!

[दुष्यंत पर्णकुटी में प्रवेश करता है]

दुष्यंत : *(पर्णकुटी में रखी वस्तुओं को देखता हुआ)* अरे! मेरा धनुष तो यह रहा! यह यहाँ कैसे आ गया?

शकुंतला : तुम्हारा धनुष श्रुतिधर यहाँ रख गया...पर वह तुम्हारे काम

का नहीं रहा टूटा धनुष...डोरी काम आ जाती। पर श्रुतिधर बड़ा चंचल है। उसने इसकी डोरी भी तोड़कर फेंक दी है...

दुष्यंत : श्रुतिधर कौन?

शकुंतला : श्रुतिधर वानर है, उसी ने तुम्हारा धनुष उठा लिया था।

दुष्यंत : तो यहाँ वानरों के भी नाम होते हैं!

शकुंतला : नाम भी होते हैं और काम भी। उधर देखो...वह एक वानर है, शकुन है उसका नाम...वह बूढ़े तपस्वी को नदी तीर से आश्रम लेकर आया है...वह नित्य ही यह काम करता है दो बार दिन में...उनकी लाठी का एक छोर पकड़कर वह आगे-आगे चलता है...क्यों कि पूज्य तपस्वी की दृष्टि क्षीण हो गई...

दुष्यंत : तुमने मुझे निरस्त्र कर दिया। धनुष होता तो मैं अभी भी दिखा देता अपना रण कौशल...

शकुंतला : धनुष की क्या चिंता? हम लोग तुम्हारे लिए यहाँ अच्छा धनुष बनवा देंगे...लोहे का भी बनवा सकते हैं, यदि तुम उठा सको उसे...बाँस का चाहोगे बाँस का बनवा देंगे, पर वह टूट जाता है...

दुष्यंत : तो यह सब तुम्हारा षड्यंत्र था, मृगया के लिए घेरा डालने वालों में तुम्हारे लोगों का सम्मिलित हो जाना...घेरे का उल्टी दिशा में चलते जाना...मुझे भटकाना...यह सब तुमने क्यों किया?

शकुंतला : यह मृगया...क्या यह षड्यंत्र नहीं था हमारे समाज को नष्ट करने का...

दुष्यंत : नहीं ऐसी बात नहीं है...मृगया तो निश्छल विनोद है, अपने आप को स्वस्थ रखने का अभ्यास है...

शकुंतला : आप लोगों के निश्छल विनोद और अपने को स्वस्थ रखने के सारे अभ्यास हमारे लिए विनाश के कारण क्यों बनते हैं?...दस पल्लियाँ हैं इस पूरे वन में, सब में इस मृगया के कारण उथल-पुथल और अशांति है...हस्तिनापुर

के लोग जब भी यहाँ आते हैं, हमारे सुख और शांति को वे नष्ट कर देते हैं...आप को विदित है...कल जो वन के हाथी घेरे के कारण भागे, उसमें गाँव के कितने लोग कुचले गए?

दुष्यंत : मुझे खेद है शकुंतला इसका, पर वह सब जानबूझकर नहीं किया गया...पर तुमने जो किया...पुरुवंश के सम्राट् को धोखे से यहाँ तक ले आना और उन्हें बंदी बनाने का प्रयास! इसका परिणाम जानती हो...मुझे आश्चर्य है कि तुमने यह सब किया कैसे?

शकुंतला : क्या सचमुच? आप इतने भोले क्यों बन रहे हैं? आप को विदित नहीं कि यह सब मैंने अकेले नहीं किया...आपके बीच से...आपके लोगों में भी हमारे साथ हैं कुछ लोग...

दुष्यंत : हमारे बीच से...हमारे लोगों में...!! कौन लोग हैं वे...

शकुंतला : *(खिलखिला कर हँसती हुई)* राजा दुष्यंत! तुम हमारे बंदी हो! बंदी को प्रश्नोत्तर करने का अधिकार नहीं...फिर भी मैं तुम्हारे एक प्रश्न का उत्तर तो अवश्य दूँगी—कि मैंने यह सब कैसे किया...मैंने यह सब नहीं किया, यह सब अरण्यानी ने किया...

दुष्यंत : अरण्यानी? वह कौन है...

शकुंतला : वह हम सब हैं, वह हम में है, हम उसमें...यह आश्रम यह वन इस वन के पशुपक्षी...मेरे संगी ये वानर, ये गीध, ये वृक्ष और लताएँ—दसों वनग्रामों के लोग यह हमारा परिवार है...

दुष्यंत : *(व्यंग्य से)* कितना अच्छा परिवार है...

शकुंतला : *(उसके उपहास पर ध्यान न देकर)* वह हम सब एक साथ सोचते हैं, हमारे हृदय और मन एक हैं, हम मिलकर निर्णय लेते हैं...

दुष्यंत : विदित है मुझे...इसी को तुम लोग सभा कहते हो...

शकुंतला : हमारे पास मधु के भंडार हैं, दूध प्रचुर मात्रा में है, अपने अस्त्र और शस्त्र हम बनाते हैं, हस्तिनापुर के लोग

निठल्ले हैं, वे चाहते हैं कि हमारे श्रम का फल बिना प्रयास के उन तक पहुँचता रहे...

[गायों के रँभाने की आवाज]

शकुंतला : *(पुकार कर)* भैया सामश्रवा, सुमेधा, देखो सूनरी, चित्रा, वाजिनी बुला रही हैं...

[नेपथ्य से जी...हम पहुँच रहे हैं सूनरी, चित्रा और वाजिनी को लिवाने के लिए]

दुष्यंत : सामश्रवा और सुमेधा से तो मुझे स्मरण आ रहा है कि मैं अभी मिला हूँ। ये सूनरी, चित्रा और वाजिनी कौन हैं?

शकुंतला : सूनरी, चित्रा और वाजिनी हमारे आश्रम की गाएँ हैं...एक बछिया है सुपेषा...

[गायों की घंटियों के स्वर। नेपथ्य से गायन]

भोर में जगमगाती उषा-सी जो वन में गईं
लौटकर वे आ गई हैं सूनरी, चित्रा और वाजिनी
रश्मियाँ जैसे बिखरतीं

दुष्यंत : क्या गायों को बाड़े में बाँधने के समय इस तरह गीत गाना आवश्यक है?

शकुंतला : *(हँस कर)* तुम्हारे हस्तिनापुर में आवश्यक नहीं होगा...हमारे यहाँ है...

दुष्यंत : किसलिए?

शकुंतला : इसलिए कि उन्हें अच्छा लगता है।

दुष्यंत : किन्हें?

शकुंतला : सूनरी, चित्रा और वाजिनी को...

दुष्यंत : ओह गायों को...वे सामगायन समझती हैं...

शकुंतला : वे सामगायन से प्रसन्न होती हैं।

[दुष्यंत खिलखिला कर हँसता है]

शकुंतला : *(बरजती हुई)* श्...श्...धीरे हँसो बंदी...एक तो तुम्हारा हास्य अकारण है...फिर साँझ के समय यहाँ सब कुछ मंद्र गति, मंद्र लय और मंद्र स्वर में होता है, साँझ होने पर हम यहाँ जोर से नहीं बोलते...ऊँचे स्वर में नहीं हँसते...

दुष्यंत : *(बहुत धीमे स्वर में)* सो किसलिए...

शकुंतला : क्यों कि साँझ होने पर पंछी सोने की तैयारी करते हैं...पेड़ उन्हें अपने अंक में सुलाने लगते हैं...रात की देवी धीरे-धीरे आती हैं।

दुष्यंत : *(दूर देखता हुआ)* देख रही हो उधर आकाश में गीध मँडरा रहे हैं...

शकुंतला : वे मँडरा रहे हैं मनुष्यता के इस सर्वनाश पर शोक मनाने के लिए । या वे सोचते होंगे कि वे अभी भी उसे सर्वनाश से बचा सकें...

दुष्यंत : गीध...वे क्या बचाएँगे, वे तो...

शकुंतला : मुझे तो गीधों ने ही बचाया था...

दुष्यंत : गीधों ने? तुम्हें? यह नहीं हो सकता—गीधों से मुझे चिढ़ है—

शकुंतला : आश्चर्य हुआ तुम्हें!...जो कच्चा मांस खाते हैं...शव को देखते ही झपट पड़ते हैं...मैं एक नन्ही सी बच्ची—कोमल मांस का लोथड़ा! मुझ पर दृष्टि लगाए हुए सियार—पर तभी आकाश से गीध उतरे...पिता बताते हैं कि दो गीधों ने मुझे अपने पंखों से ढक लिया...इतने बड़े गीध थे कि कोई प्राणी उनके डर के मारे मेरे पास आ नहीं सकता था, जब पिता पहुँचे, तो वे धीरे-धीरे मेरे पास से कुछ दूर हटे...मैं बुलाऊँ तो वे आ सकते हैं—वे चले आते हैं—दूर से ताकते हैं—दूर तक देख सकते हैं—वे मुझ से बातें करते हैं—तुम आओगे—यह उन्होंने मुझे बता दिया था!

दुष्यंत : *(अचकचा कर)* उन्होंने तुम्हें...वे तुम से बातें कैसे कर सकते हैं? *(ठहाका लगाकर हँसता है)* अरे! मैं कैसे स्थान

पर आ गया? यह तो कोई आश्चर्य लोक है...तो तुम महर्षि कण्व को वन में मिलीं...वे तुम्हारे पिता नहीं हैं...मेरा आशय है तुम्हारा जन्म उनके वीर्य से नहीं हुआ...फिर तुम किसकी बेटी हो?

शकुंतला : हम किसके वीर्य से किसका जन्म हुआ है इसके आधार पर पिता होने का निर्णय नहीं करते...एक परिवार में एक संतान के कई पिता हो सकते हैं...समूह की संतान होते हैं हम...कहते हैं कोई विश्वामित्र था...मैं उसकी संतान हूँ...वह बहुत क्रोधी था, उसने मेरी माँ को अपने घर से निकाल दिया और मुझे वन में असहाय पड़ा रहने दिया...मैं अपने को उसकी बेटी नहीं मानती...मैं अरण्यानी की...इस धरती की बेटी हूँ...

[ब्रह्मचारी समूहगान करते हैं।]

जिसने इस धरती की मिट्टी में जीवन पाया
जिसके ऊपर गीधों ने की पंखों से छाया
जिसको मुनि ने पाया वन में और बचाया
यह कथा उसी की सदा कर्ममय जिसकी काया
कथा शकुंतला की।

[इस गायन के दौरान हरिण का छोना शकुंतला के पास चला आया है। शकुंतला उसे सहला रही है।]

शकुंतला : ओ! मेरा छोना...भूख लगी है बच्चा? बहुत भागना पड़ा न...पर अच्छा छकाया पौरव वंश के सम्राट् को...*(एक कटोरा उठाकर मुट्ठी भरकर हरिणशावक को धान खिलाती है)*

दुष्यंत : अरे! यह तो तुम्हारे हाथ से धान खा रहा है!

शकुंतला : मुझसे बात भी करता है यह...इतना बोलता है, इतना बोलता है कि...

[दुष्यंत ठठाकर हँसता है।]

शकुंतला : हँसते क्यों हो? यह तो कोई हँसी की बात ही नहीं है!

दुष्यंत : नहीं! नहीं! यों ही हँसी आ गई, सुनकर आनन्द हुआ न! बात यह है कि मैं बड़ा ही हँसमुख व्यक्ति हूँ...मैं हर बात में आनंद लेता हूँ...लेना चाहिए...आनंद...

शकुंतला : आनन्द? तुम्हारे लिए यह सब आनन्द का माध्यम है? जानते हो यह क्या कह रहा था अभी आया तो?

दुष्यंत : क्या कह रहा था यह?

शकुंतला : कि राजा का बाण लग जाता तो मैं आज तुम्हारी गोद में न होता—

दुष्यंत : *(अचकचा कर)* तो यही था क्या वह हरिणशावक जिसका मैं पीछा कर रहा था?

शकुंतला : तुम इसका पीछा नहीं कर रहे थे, यही तुम्हें भरमा रहा था, पर अपने प्राण संकट में डाल कर...

दुष्यंत : *(सकपकाकर हँसता हुआ)* मुझे क्या पता था कि यह तुम्हें इतना प्रिय है...*(अचानक हँस कर)* कुछ भी कहो भागता बहुत तेज है यह—अरे ऐसा छकाया, ऐसा छकाया कि...घोड़े सारथी सब लस्त-पस्त थे...

शकुंतला : *(मृगशावक को सहलाती हुई)* और यह कितना पस्त और लस्त हो गया है। आज तक कभी नहीं देखा इसको ऐसा। इतना उछलता-कूदता था कि इसका तो नाम ही जंप रख दिया था!

दुष्यंत : क्या कहा तुमने? क्या नाम रख दिया था?

शकुंतला : अरे ऐसी उछाल भरता है ये कि धरती पर पाँव तो कम ही टिकते हैं इसके! इसलिए हम लोगों ने इसका नाम रख दिया जंप।

दुष्यंत : *(हँसता है)*—जंप नहीं। झंप कहो। जंप तो यवनों की भाषा हो गई...इसलिए अशुद्ध है।

शकुंतला : यह सब शुद्ध और अशुद्ध का भेद नगर के लोग करते हैं...

हमारे यहाँ भेदभाव नहीं है, वर्णभेद भी नहीं...

दुष्यंत : *(ऊँचे स्वर में)* क्या? वर्णव्यवस्था नहीं है...अरे उसके बिना समाज कैसे चलेगा?...

शकुंतला : *(रोकती हुई, धीमे स्वर में)* श्श..श्श! धीरे बोलो!...कहा न तुम से, साँझ हो रही है...पंछी सोने के लिए लौट आए नीड़ों में...लताएँ तो ऊँघने ही लगीं...पेड़ भी सोना चाह रहे हैं...

दुष्यंत : *(मंद स्वर में)* पेड़? वे सोते हैं? यह तुम लोगों का अंधविश्वास है...पेड़ तो जड़ होते हैं, उनका क्या सोना क्या जगना?

शकुंतला : पेड़ सोते हैं। वे हमारी बात सुनते और समझते हैं। वे देखते भी हैं। वे हमें पहचानते हैं...वे हमें स्मरण रखते हैं...

दुष्यंत : स्मरण! ...*(फिस्स से हँसता है, शकुंतला की कठोर दृष्टि से सहमकर हँसते हुए रुक जाता है)* अच्छा...देखते हैं, पहचानते हैं और स्मरण रखते हैं पेड़...और क्या-क्या करते हैं पेड़?

शकुंतला : देखो, लताएँ अपना साथी ढूँढ़ लेती हैं, वह आम का पेड़ देख रहे हो, मालती की लता उससे कितनी दूर उगी थी, इधर यह कपित्थ का पेड़ पास में था उसके पास नहीं गई उसे आम का साथ पसंद है, वह उससे लगकर रहती है। तुम अभी जोर से बोले थे, मैंने देखा कि मालती सहम गई है...

दुष्यंत : ओह, कितना मौलिक चिंतन है, कितना काव्यात्मक...पर तुम क्या कह रही थीं कि वर्ण नहीं होते तुम्हारे यहाँ...

शकुंतला : हाँ, हमारे यहाँ वर्ण नहीं होते, आश्रम में दो वर्ग हैं—एक ऋषियों का एक ब्रह्मचारियों का—दोनों एक-दूसरे के पूरक हैं...पल्लियों में वर्ग हैं...मधुसंचय करने वाले मधुचेता हैं, लाक्षा संचय करनेवाले लाक्षिक हैं, सोमलता बेचने वाले हैं, सोम रस बनाने वाले हैं...और भी...

दुष्यंत : *(जमुहाई लेता हुआ)* मैं इस समाज की संरचना समझूँगा...

हम बात करेंगे...मैंने कई बार चर्चाएँ की इस वन में रहने वाले समाजों के विषय में कि उन्हें सभ्य, सुसंस्कृत बनाने के विषय में...

शकुंतला : पहले सभ्य और सुसंस्कृत कौन है—यह निश्चित करना होगा—और यह भी कि कौन किसे सभ्यता का पाठ पढ़ाएगा...

दुष्यंत : *(उनींदे स्वर में)* हाँ, यह निश्चित करना होगा...सत्य है सत्य है...अभी तो रात होने को आई...

शकुंतला : हाँ, कल हम बात करेंगे...

[ब्रह्मचारी रात्रिसूक्त का गायन करते हैं]

आ रही है रात देवी और हम सोने चले
उतर रहा अँधेरा और दिन की आभा ढले
उसके नयन हैं कोटि-कोटि नक्षत्र तारे
जिनसे मुदित हो सोते हुए हम को वह निहारे
अंधकार का कंबल उड़ाती
गोद में हम को सुलाती
आ रही है रात देवी
और हम सोने चले।

शकुंतला : मैं तुम्हारे भोजन और विश्राम की व्यवस्था करती हूँ...धरती पर नींद तो नहीं आएगी पर...

दुष्यंत : और तुम ?

शकुंतला : मेरा क्या, मैं तो हरिणों की पीठ से टिककर सो लेती हूँ... हरिणियाँ मुझे अंक में ले लेती हैं...

दुष्यंत : कितना अद्‌भुत...रोमांचक...

[उल्लू का स्वर]

दुष्यंत : यह कैसा विचित्र स्वर है।

शकुंतला : वह घूत्कार है। लक्ष्मी का वाहन उलूक। वह रात भर जागता है, और निगरानी रखता है...

[ब्रह्मचारी मंद लय और मंद स्वर में अरण्यानी सूक्त का पाठ करते हैं।]

जैसे माँ अपने बच्चों को सुला गोद में लेती है
हमें गोद में अपनी लेकर तू सहला देती है
हम सोते निश्चिंत और तू जागे एक अकेली
कितनी बाधाएँ हम लोगों की तू ने सब हैं झेलीं
अरण्यानी! अरण्यानी!!

[सूक्त के पाठ के साथ अंधकार।]

पाँचवाँ अंक

[स्थान—चौथे अंक के अंतिम दृश्य के समान। भोर हो रही है। चिड़ियों के चहचहाने, कौवों की काँव-काँव के स्वर। धीरे-धीरे फैलते भोर के प्रकाश में ब्रह्मचारी उषस् सूक्त का पाठ करते हुए दिखते हैं।]

समूह : आ गई है उषा भोर की देवी यह उज्ज्वल
जैसे नहाकर सरोवर में बनी हो निर्मल
कोई रमणी निकलकर किनारे पर आए
भोर की देवी उषा हमें प्रतिदिन जगाए।
रात और उषा यह काल का पहिया चलाती
दोनों बहन हैं एक जाती दूजी आती
पुँछ गई है कालिमा और मिट रहा है अँधेरा
लेकर के आई है उषा फिर से सबेरा
होने लगी सागर के तट पर भी अब हलचल
आ गई है उषा भोर की देवी यह उज्ज्वल

[प्रकाश दुष्यंत पर केंद्रित होता है। वह सो रहा है। शकुंतला का प्रवेश]

शकुंतला : उठो राजा उठो, भोर हुई...

दुष्यंत : *(उनींदे स्वर में)* अरे भोर का यह कैसा गान? द्वारपाल, देखो इतना अच्छा भोर का गान कौन गा रहा है?

शकुंतला : यहाँ न कोई तुम्हारे द्वारपाल हैं न पहरेदार...

दुष्यंत : *(सहसा उठकर)* अरे! मैं कहाँ हूँ...मैं अपने राजप्रासाद से यहाँ कैसे आया?

शकुंतला : *(हँसकर)* सपना देख रहे थे? सपने से बाहर निकलिए महाराज!

दुष्यंत : शकुंतला तुम?

शकुंतला : किस सपने में डूबे हो? हस्तिनापुर के राजा! तुम यहाँ एक बंदी हो।

दुष्यंत : *(सहसा उठ कर)* बड़ी कठिनाई से नींद आई...

शकुंतला : बड़ी कठिनाई से नींद आई? अरे खर्राटे ले-लेकर सो रहे थे, और कुछ कठिनाई हुई भी है, तो धीरे-धीरे आदत पड़ जाएगी...इस कठोर भूमि पर सोने की...

दुष्यंत : क्या कहना चाहती हो...क्या मैं यहीं रहूँगा?

शकुंतला : इन सब बातों पर हम चर्चा करेंगे...तुम हमारे बंदी हो...फिर भी हम तुम्हें सम्मान के साथ यहाँ रखेंगे...अभी तुम स्नान करो...ध्यान करो...फिर कुछ भोजन पान करो...

दुष्यंत : यहाँ कहाँ स्नान कर सकता हूँ, यहाँ तो कहीं कोई स्नानागार तो दिखता ही नहीं...मणिभूमि हो हाथों में कलश लेकर खड़ी दासियाँ हों...इनके बिना स्नान कैसे होगा?

शकुंतला : *(खिलखिला कर हँसती हुई)* यह हस्तिनापुर का राजप्रासाद नहीं है...यहाँ स्नानागार नहीं होते...यहाँ कोई दासी विभिन्न प्रकार के सुगंधित जलों से भरे कलश लेकर आपकी सेवा में उपस्थित न होंगी आपको स्नान कराने के लिए...नदी के किनारे चलिए, डुबकी लगाइए... वही स्नान है...

दुष्यंत : ओ हो हो!...यह भी बड़ा रोमांचक है...आकाश! के नीचे खुले में स्नान...पर कैसे जाऊँगा नदी के किनारे... ?

शकुंतला : जैसे सब जाते हैं अपने दो पाँवों से चल कर!

दुष्यंत : इस भूमि पर?

शकुंतला : इस भूमि पर चलने का अभ्यास नहीं है? आओ, मैं कराती हूँ तुम्हें अभ्यास।

[हाथ पकड़कर ले जाती है।]

दुष्यंत : कुछ धीरे चलो शकुंतला! मुझे इतना तेज चलने का अभ्यास नहीं और वह भी इस वन की ऊबड़-खाबड़ धरती पर...

[दोनों कुछ मंद गति से आगे बढ़ते हैं।]

दुष्यंत : क्या कहा था तुमने कि तुमने मुझे बंदी बना लिया है?

शकुंतला : मैंने यह नहीं कहा...

दुष्यंत : फिर क्या कहा था...कुछ बात तो ऐसी कही थी...अभी भी कल भी कही...

शकुंतला : आप के राज्य में अपराधी बंदी बनाए जाते हैं?

दुष्यंत : हाँ...बंदी तो बहुत से अपराधी बनाए जाते हैं...

शकुंतला : उन्हें आप कैसे रखते हैं?

दुष्यंत : उन्हें हम शृंखलाओं से बाँधते हैं, कारागार में रखते हैं...

शकुंतला : क्या हमने आपको शृंखलाओं से बाँधा? क्या हमने आपको किसी कारागार में रखा? आपके अनुरूप तो नहीं, पर जैसी व्यवस्था हम कर सकते थे...आपके भोजन की विश्राम की...हमने की न! आपके आतिथ्य में अपनी ओर से कमी नहीं रखी...

दुष्यंत : इसमें क्या संदेह...आतिथ्य की तो पराकाष्ठा ही हो गई... तुमने तो अपनी कुटिया में ही हमें ठहरा दिया...पर बंदी बनाने के कई तरीके हैं, बंदी तो हुए न हम...

शकुंतला : राजन्, आप हमारे बंदी हैं, पर हमने आपको बंदी नहीं बनाया...आप स्वयं चले आए हैं इस बंधन में बँधने के लिए...

दुष्यंत : मैं यहाँ भरमाकर लाया गया...

शकुंतला : इस बात के लिए मन में कटुता पालने से क्या होगा...हमने कल निर्णय लिया था कि आप और हम बात करेंगे जो हमारी समस्याएँ हैं उन पर...लीजिए यह आ गया नदी का तट—

दुष्यंत : नदी में स्नान...भूल गया कि कैसे होता है...

शकुंतला : आज पहला दिन है, तो मैं सब बता देती हूँ, फिर अपने आप सब करना होगा... इधर से आओ, इधर से।

[दोनों परिक्रमा करते हैं।]

शकुंतला : और भागने का विचार मत करना श्रुतिधर वानर, ये कौवे और गीध देवता सारी अरण्यानी...वह तुम्हें देख रही है...

[शकुंतला का स्नान के लिए दुष्यंत को ले जाना। पानी में उतरने का अभिनय। शकुंतला पानी में उसे उतारकर कुछ दूर खड़ी हो जाती है।]

दुष्यंत : *(नहाते हुए मंत्र बोलने के साथ बड़बड़ाता जाता है)* ओम् गंगे च यमुने चैव गोदावरि सरस्वती...भागने का विचार मत करना...कह दिया इसने मन में विचार आया नहीं था, इसने कह दिया तो आ गया, कैसे भाग सकता हूँ इस वन से...भाग तो नहीं सकता...पर मेरे लोग...वे ऐसे कैसे छोड़ देंगे मुझे...

[वसंतक तथा दोनों वैतालिक मंच के दूसरे कोने पर प्रवेश करते हैं। तीनों चौकन्ने हैं।]

वसंतक : *(बड़बड़ाते हुए)* पता नहीं कैसे मुक्ति मिलेगी इस भयावह वन से...राजा के कारण हस्तिनापुर लौटते-लौटते भी मार्ग से वापस आना पड़ा...*(दोनों वैतालिकों से)* देखो भैया तुम लोग...पता करो कहाँ होंगे राजा...यह बड़े संकट में पड़ गए मित्र हम लोग...मैं पंडित और तुम लोग कवि...हम लोगों को यह कैसा काम दे दिया मंत्री ने...यह तो गुप्तचरों का और सेनापतियों का काम है।

वैतालिक : पंडित, बड़बड़ाओ मत...हम लोगों पर इनकी दृष्टि है... जितना सरल समझा इस स्थान में प्रवेश करना उतना सरल नहीं है...

[घेरे या समूह का प्रवेश। लगभग बीस लोग, उनमें से कुछ हाथों में डंडे हैं। तीनों को घेरते हुए मंद स्वर में निरर्थक शब्द बोलते जाते हैं।]

आधा समूह : दिग्ले दिग्ले!

शेष समूह : दिग्ले दिग्ले!!

वसंतक : अरे, अरे! आप लोग कौन? सहसा ऐसे कैसे प्रकट हुए?

वैतालिक-1 : देखिए, आप की भाषा हम लोगों के समझ में आती नहीं है...हम लोग सीधे-सादे लोग हैं...

वैतालिक-2 : हम यहाँ वन विहार करने आए हैं बस, और कुछ थोड़ा ही करना है हमें।

आधा समूह : जम्बुकपलितक...ते तेचाम्

शेप समूह : जम्बुकपलितक...ते तेचाम्

सब एक साथ : दिग्ले दिग्ले दिग्ले दिग्ले जम्बुकपलितकते तेचाम्
दिग्ले दिग्ले दिग्ले दिग्ले जम्बुकपलितकते तेचाम्...
जर्जर कर जर्जर कर कर जर्जर जर्जर कर!

त्सतंक : महाराज! राजा दुष्यंत! बचाओ!!!

वैतालिक-1 : अरे महाराज क्या बचाएँगे जब कि हम लोगों को उनको बचाकर लाने का असाध्य काम दिया गया था, हम लोग ही इस चक्र में फँस गए!

वैतालिक-2 : ये लोग तो ऐसे ले जा रहे हैं जैसे मृगया के लिए पशुओं को घेरकर ले जाते हों...

वसंतक : बलि चढ़ा देंगे क्या भैया हम लोगों की?...ए भैया! ए भैया!! बाकी जो करना हो कर लो! बलि मत चढ़ा देना हमारी!

[समूह तीनों को घेरकर ले जाता है।]

दुष्यंत : अरे अभी मैंने किसी की पुकार सुनी! मेरा नाम लेकर कोई दूर से चिल्लाया कि बचाओ! पर दिखाई तो कोई नहीं दे रहा दूर-दूर तक...*(देखने का अभिनय करता है)* हाँ, उधर

एक समूह जा रहा है...लगता है उसी में से कोई चिल्लाया है...पर वे तो वनवासी लोग हैं...मुझे भ्रम हुआ है कि मेरा नाम लेकर चिल्लाया कोई...

[स्नान करके नदी से बाहर आता है। शकुंतला पास आकर उसे हाथ पकड़कर बाहर लाती है।]

दुष्यंत : ओह ऐसा पहले कभी नहीं हुआ...

शकुंतला : कैसा?

दुष्यंत : इस तरह कभी किसी कन्या ने मेरा हाथ यों पकड़ लिया हो...

[शकुंतला खिलखिला कर हँसती है]

दुष्यंत : और यह उन्मुक्त हँसी जैसे हिमालय से...

शकुंतला : जैसे हिमालय से एक साथ कई छोटे-छोटे झरने लग गए हों...यह उपमा कल तुम आश्रम के बालक-बालिकाओं की हँसी के लिए दे चुके...यह अब बासी हो गई...

दुष्यंत : तुम्हें कैसे पता चला?

शकुंतला : भोर होने के पहले जब तुम खर्राटे ले रहे थे...बालक-बालिकाएँ नदी की ओर जाते हुए तुम्हारी नकल कर रहे थे तुम्हारी कही हुई बातों को दोहरा कर...

दुष्यंत : और वे हँस भी रहे होंगे मुझ पर...तो मैं यहाँ आकर एक विदूषक बन गया!

शकुंतला : विदूषक...वह क्या होता है?

दुष्यंत : विदूषक, जिसकी बातों पर सब लोग हँस सकें, और जो अपने पर हँस सके...

शकुंतला : हम ऐसा नहीं करते...हमारे बीच विदूषक नहीं होता...हम अपने आप पर नहीं हँसते न दूसरों पर...

दुष्यंत : फिर हँसी कैसे आएगी...हँसने के लिए तो बहाना चाहिए न...

शकुंतला : हमें बहाना नहीं चाहिए। हमें हँसी यों ही आती है जैसे पेड़ों

में नए पत्ते आते हैं...

दुष्यंत : नए पत्ते नहीं, पल्लव कहो, किसलय कहो...

शकुंतला : हम गाते हैं जैसे बादल गरजते हैं, जैसे अरण्यानी में साँड निनाद करते हैं, जैसे नदी में बाढ़ आती है, उस तरह हम हँसते हैं, रोते हैं। तुम लोग कैसे हँसते हो?

दुष्यंत : हम भी इस समय तो हँस सकते हैं अपने आप पर ही...हम आर्यावर्त के सम्राट् दुष्यंत...इस जंगल की एक लड़की के बंदी हैं...और प्रसन्न हैं कि हम बंदी हुए...यह बंधन कितना सुखद है...बंधन ही मुक्ति है...

[शकुंतला खिलखिला कर हँसती है, उसके साथ दुष्यंत भी हँसता है।]

शकुंतला : राजा! तुम नदी में नहाते समय क्या सोच रहे थे कि मैं तैरते हुए उस पार चला जाऊँ और भाग जाऊँ?

दुष्यंत : *(झेंपकर हँसता हुआ)* अरे नहीं नहीं!!. ऐसा सोच भी कैसे सकते हैं हम? भला हम भाग सकते हैं क्या?

शकुंतला : कुछ तो सोचा होगा कि मेरे लोग मुझे आकर निकाल ले जाएँगे...पर सोचा हो, तो सोचना छोड़ दो...तुम्हारे लोग तुम्हें निकालकर नहीं ले जा पाएँगे...वे इस वन के टेढ़े-मेढ़े सँकरे रास्ते नहीं जानते...

दुष्यंत : तो क्या अब जीवन यहीं बीत जाएगा हमारा? यह सत्य है कि यहाँ हमने जीवन का आदिम संगीत सुना...यहाँ रहकर बहुत जाना-समझा और गुना...पर हम सदा यहाँ कैसे रह सकते हैं शकुंतला?...हस्तिनापुर की पूरी शक्ति तुमने अभी नहीं देखी...

शकुंतला : जानती हूँ...हमारे ही इस वन से पकड़े हुए हाथियों की और इसी वन से पकड़-पकड़कर ले जाए गए युवकों की सेना लेकर तुम आओगे और हम पर आक्रमण करोगे...पर कब तक चलेगा यह समर...यह द्वंद्व? और इससे लाभ किसको होगा?

दुष्यंत : समझ रहे हैं हम...हम इस संघर्ष का अंत करेंगे...पर उसके लिए भी तो यहाँ से जाना होगा न हमें...यहाँ से जाकर भी हम यहाँ से जा कैसे पाएँगे...अपने एक अंश से तो हम यहीं रह जाएँगे...अपना कुछ यहाँ छोड़कर जाएँगे, कुछ यहाँ से लेकर...जाएँगे...मन तो होता है कि समूचे ही यहीं रह जाएँ...हमने यहाँ आदिम रस गंध जाना...मनुष्य के इतिहास का आद्य संगीत सुना...

शकुंतला : तुम यहाँ जीवनपर्यंत रहना चाहो, तो रह सकते हो...पर हम तुम्हें यहाँ बाँधकर रखना नहीं चाहते...आओ इधर से आओ, इधर से।

दुष्यंत : यह संसार कितना निश्छल कितना निष्पाप। पर कितना निर्भीक और साहसी भी। इसे मैं कैसे उजाड़ सकता हूँ...हस्तिनापुर की शक्ति क्या इस वन को नष्ट कर देने में लगेगी...नहीं। इस धरा धाम पर दोनों रहेंगे...हस्तिनापुर भी और यह वन भी, यहाँ का आदिम राग भी। मैं एक बात और कहना चाह रहा था...वह इन सबसे अधिक आवश्यक है...

शकुंतला : क्या?

दुष्यंत : कैसे कहूँ...पता नहीं तुम क्या सोचो...

शकुंतला : इस तरह लजाना...हस्तिनापुर के राजा का...

दुष्यंत : शकुंतला! मैं तुम से गांधर्व विवाह करना चाहता हूँ...

शकुंतला : क्या? क्या करना चाहते हो मुझ से?

दुष्यंत : गांधर्व विवाह करना चाहता हूँ मैं तुम से...

शकुंतला : गांधर्व विवाह? वह क्या होता है?

दुष्यंत : तुम कितनी भोली हो—बस यही भोलापन तो नहीं मिला नगर में!

[शकुंतला खिल खिल हँसती है। दुष्यंत मुग्ध होकर उसे ताकता रह जाता है।]

दुष्यंत : और यह उन्मुक्त हँसी भी—

शकुंतला : तुम विवाह की बात कर रहे थे?

दुष्यंत : गांधर्वविवाह—जिस स्त्री से प्रेम हो जाए, उसके साथ पुरुष विवाह कर ले...यदि स्त्री भी चाहे...

शकुंतला : यह नया-नया चस्का है राजा दुष्यंत तुम्हारा...नगर के मिष्टान्न खा-खाकर जीभ फिर गई...तो कुछ चटपटा कुछ तीखा कुछ कटु...चखने को जी कर रहा है...इससे भी जी ऊब जाएगा...जब वन के जीवन की कठिनाइयाँ सामने आएँगी... नदी की बाढ़ में मनुष्य बह जाते हैं...अकाल में भूखे मर जाते हैं मनुष्य...

दुष्यंत : हमें इतना दुर्बल मत समझो...हाँ, इस समय...

शकुंतला : इस समय क्या ?

दुष्यंत : इस समय हम हो गए हैं दुर्बल...

शकुंतला : कभी इतना चलना नहीं पड़ा न...कभी इतना भागना नहीं पड़ा, मैं जानती हूँ तुम लोगों के आचार-विचार...देखो देखकर, मार्ग ऊबड़-खाबड़ है...और तुम्हारे पाँव लड़खड़ा रहे हैं...

[दुष्यंत लड़खड़ाकर गिरने को है, शकुंतला उसे सँभालती है। दोनों का एक-दूसरे को मुग्ध होकर देखना]

दुष्यंत : मन होता है सब छोड़ दूँ...यहीं रह जाऊँ...पर ऐसा संभव कैसे होगा ?

शकुंतला : क्या ?

दुष्यंत : कि मैं गांधर्वविवाह करने के पश्चात् यहीं रह जाऊँ...

शकुंतला : फिर तुम पर विवाह का भूत सवार हो गया...सुनो राजा, हमारे यहाँ ऐसा नहीं होता...

दुष्यंत : कैसा ?

शकुंतला : ऐसा कि पुरुष कह दे मुझ से विवाह कर ले तो स्त्री विवाह के लिए तैयार हो जाए, लड़की चाहेगी, स्त्री कहेगी...

दुष्यंत : अच्छा ? बुरा नहीं है यह भी...हो सकता है ऐसा भी...तो तुम ही कह दो।

शकुंतला : क्या कह दूँ मैं?

दुष्यंत : कि तुम मुझ से विवाह करोगी—मेरे साथ रहोगी—

शकुंतला : हमारे समाज में ऐसा नहीं होता...

दुष्यंत : क्या नहीं होता?

शकुंतला : यही कि लड़की साथ रहने चली आए—लड़की के साथ दूल्हा आता है...

दुष्यंत : ऐसा कैसे हो सकता है...पुरुष का अपना जीवन है...

शकुंतला : तो बिताए वह अपना जीवन—स्त्री का अपना जीवन नहीं है?

दुष्यंत : अरे इसमें झगड़ा किस बात का? देखो, प्रेम बड़ी बात है—प्रेम हुआ तो चाहे तुम मेरे साथ मेरे यहाँ रहो या मैं तुम्हारे साथ रहूँ—बात तो एक ही हुई न...

शकुंतला : मैं इस आश्रम को, इस अरण्यानी को छोड़कर कैसे जा सकती हूँ...

दुष्यंत : मान लो कि पुरुष साथ रहने आ गया—संतान हो गई—तो?

शकुंतला : तो क्या? संतान तो स्त्री जिस समाज से आई है उसका अंग है—वह इसके समाज में पलेगी—

दुष्यंत : कितनी नई-नई सी लग रही हैं ये सब बातें—इस दृष्टि से मैंने सोचा नहीं—हमारे धर्मशास्त्र के पंडित लोग तो इसे स्वीकार नहीं करेंगे...तुम नगर आ जाओ शकुंतला! तुम्हारे साथ रहकर मैंने जीवन का दूसरा रूप जाना—तुम बहुत कुछ कर सकती हो—हम मिलकर एक नया धर्मशास्त्र रचेंगे, नया समाज रचेंगे...मेरा विश्वास करो...

शकुंतला : कैसे कर लूँ विश्वास कि क्या तुम ऐसा मानते हो जो कह रहे हो...पर अभी बहुत कार्य करने हैं...आओ इधर से, इधर से...

[दोनों का प्रस्थान]

छठा अंक

[हस्तिनापुर। राजप्रासाद का एक भाग। वसुमती शून्य में ताकती बैठी है। पिछले दृश्य की तुलना में गंभीर, मुख पर चिंता की रेखाएँ। पहले से और अधिक चिड़चिड़ी लगती है। वितानिनी गंभीर भाव से उसे ताकती हुई उसके पास खड़ी है।]

वसुमती : कितने दिन हो गए...न कोई संदेश न कोई समाचार...

वितानिनी : सब ठीक हो जाएगा...महारानी...पता चला है अभी लौटकर आए हैं मंत्री सुनास उसी वन से, उनके साथ गए हमारे कुछ लोग तो अभी भी वहीं डेरा डालें हैं, पर ये लोग कह रहे हैं कि महाराज सकुशल हैं और उनके शीघ्र लौटकर आने की आशा है...

वसुमती : आशा है, आशा है...मुझे यह भी नहीं बताया कि मंत्री और कुछ लोग लौटकर आ गए...कहाँ हैं वे लोग...मुझ से क्यों नहीं मिले? मैं कितने दिनों से कह रही हूँ कि मुझे बात से अवगत कराया जाए! जब महाराज नहीं हैं तो यह सब दायित्व किसका है?

वितानिनी : कल साँझ हो गई थी...वे लोग कल मिलना चाहते थे, पर आप कल षष्ठीपूजा में व्यस्त थीं...अभी आएँगे वे लोग।

वसुमती : उन्हें तुरंत बुलवा...

वितानिनी : जी अभी संदेश भिजवाती हूँ...*(जाती है।)*

वसुमती : कभी सोचा भी न था कि ऐसा हो जाएगा...*(खड़ी होकर बेचैनी से चक्कर लगाती है।)*

[वितानिनी के साथ सेनापति शक्तिभद्र, पुरोहित देवरात, अमात्य सुनास और दोनों वैतालिक तथा भषक और चषक का प्रवेश।]

सुनास : देवी की जय हो!

वसुमती : स्वागत है आप लोगों का...आप लोग कल आ गए थे और मुझे बताया क्यों नहीं? सब ठीक तो है न?

सुनास : सब कुशल है...

वसुमती : *(पुरोहित देवरात से)* आप भी साथ ही थे...मैं प्रणाम करती हूँ...

पुरोहित देवरात : सौभाग्यवती भव!

वसुमती : क्या हुआ? आप लोगों की महाराज से भेंट हुई? कहाँ हैं वे? कैसे हैं?

सुनास : आप बिल्कुल चिंता न करें देवि! हम लोग महाराज से मिले थे। महाराज ने कहा कि वे सुरक्षित हैं, उनकी चिंता न की जाए, वे कुछ दिन आश्रम में रहना चाहते हैं...वे वहाँ के जीवन को समझना चाहते हैं, वनग्राम के लोगों की कठिनाइयों को भी...

वसुमती : तो क्या वे इतने बदल गए हैं?

सुनास : ऐसा तो नहीं लगा...बातचीत में वही धीरता-गंभीरता...पर कुछ बदल गए हैं महाराज यह अवश्य सत्य है...

वसुमती : यह कैसा परिवर्तन है, जिसने हस्तिनापुर को हिलाकर रख दिया है? क्या यह उस लड़की के कारण है...जिसका नाम शकुंतला है?

सुनास : यह आपका मन कह रहा है, मेरा भी अनुमान यह बता रहा है...

वसुमती : *(सेनापति से)* आप लोग कर क्या रहे थे? महाराज का अपहरण हुआ...मृगया की आपकी योजना उल्टी पड़ गई...जब राजा को वहाँ बंदी बना लिया गया इस बात को अब तीन महीने से अधिक हो गया...हस्तिनापुर अराजक

है...आपने अब तक क्या किया...

सेनापति : ऐसी बात नहीं है देवि, ब्रह्मचारियों के वेष में...वनवासियों के वेष में हमारे चर वहाँ घूम रहे हैं...राई रत्ती हाल हमें विदित है। हमने राजा को वहाँ से निकालकर लाने की पूरी योजना बना ली थी...वसंतक अभी वहाँ है, उससे हम कई बार मिल चुके हैं, दोनों कवियों को उन्होंने छोड़ दिया, ये यहाँ आ ही गए...महाराज को सुरक्षित वहाँ से निकालने की व्यवस्था हो गई थी...पर...

वसुमती : पर अभी तक क्यों नहीं निकालकर ला सके यहाँ राजा को?

सुनास : महाराज ने ही तो मना कर दिया...

वसुमती : महाराज ने मना कर दिया?

सुनास : उन्होंने कहा कि वे आएँगे...वे बंदी नहीं हैं यहाँ, उन्हें पूरी स्वतंत्रता है, पर वे समझना चाहते हैं इन लोगों का जीवन, इनकी जीवन शैली...

वसुमती : असभ्य बर्बर लोगों की क्या जीवन शैली! महाराज पर उन लोगों ने कुछ टोटका कर दिया है...वे लोग जादू-टोना करते हैं।

सुनास : मैं ऐसा नहीं समझता...हमने उन लोगों को कम करके आँका...उनका तंत्र बहुत सुदृढ़ है...हम उसे भेद न सके... शकुंतला जब से उनकी अगुवाई करने लगी है वे पेड़ों की ऐसे रखवाली करते हैं कि जैसे वे उन के सगे हों। पशु भी हम नहीं ला पाते वहाँ से। गाएँ उन लोगों के पास हैं, अपार है गोधन। वस्त्र वे स्वयं बना लेते हैं। नगर उन पर अवलंबित है—पशुओं के लिए—मांस के लिए—दूध के लिए...तो नगर उनके सामने निर्बल बनकर रह गया...इस बीच एक बात और ऐसी हो गई कि हम उन पर आक्रमण करने और उन्हें नष्ट करने की सारी योजनाओं पर पुनर्विचार करने को बाध्य हुए...

वसुमती : क्या?

सुनास : मैं कहना नहीं चाहता था महारानी...आपको अच्छा न लगेगा...पर स्थिति ऐसी है...महाराज ने उस लड़की से विवाह कर लिया है...

वसुमती : *(चौंककर)* किससे?

सुनास : आपने अभी तो नाम लिया...शकुंतला।...महाराज का कहना है कि इस विवाह से हस्तिनापुर और वनग्राम के लोगों के बीच शांति स्थापित हो सकेगी...

वसुमती : *(हताशा में हथेलियाँ माथे से लगा कर)* ओह! तो यह सब हो गया! यह अनर्थ...श्रेष्ठी धनसागर को हम क्या उत्तर देंगे, उनके काष्ठसंग्रह का क्या होगा—क्या होगा दारुपर्वत के निर्माण की योजना का...उनका इतना धन इस योजना में लगा है...वे उस वन में इतनी विशाल यज्ञशाला बनवाने वाले थे...उसके साथ पांथशाला भी और भी बहुत कुछ...

सुनास : इस सबके पीछे बड़ा षड्यंत्र है महारानी!

वसुमती : अच्छा? क्या हमारे यहाँ से...

सुनास : हाँ *(धीमे स्वर में)* मंत्री विकर्ण...वे कुछ दिनों से यहाँ नहीं हैं, पता नहीं...मुझे चरों से सूचना मिली है कि वे द्वैतवन ही गए हैं...

वसुमती : तो कोई गहरा षड्यंत्र चल रहा है...

सुनास : सबसे पहले तो महाराज हस्तिनापुर लौट आएँ, क्यों कि प्रजा में तरह-तरह की बातें हो रही हैं।

वसुमती : प्रजा के बीच तो अपकीर्ति हो ही गई...

वैतालिक : आप चिंता न करें महारानी...इस कथा को हम जनता के बीच महाराज की एक विजययात्रा के रूप में ही प्रचारित कर रहे हैं...बस इसमें एक प्रेमकथा भी जुड़ गई है...

वसुमती : कैसी प्रेमकथा?

दोनों वैतालिक : *(एक साथ)* ऐसी प्रेम कथा—

गाथा एक प्रेम की, संघर्षों में जो बढ़ी हुई है
जन-जन के संकल्पों की छाया में जो पली हुई है

नित्य नई बनने वाली परंपरा की और प्रथा की
यह है आस और विश्वासों की, साँसों में बसी व्यथा की
कथा शकुंतला की...

वसुमती : *(तीखे स्वर में)* नहीं! मुझे नहीं चाहिए कोई शकुंतला! हस्तिनापुर कैसे स्वीकार करेगा उसे?

देवरात : आप ठीक कह रही हैं। मुझे नहीं लगता कि ऐसी किसी कन्या को यहाँ लाना उचित होगा। हम उस वन में एक नया नगर बसाना चाहते हैं। हस्तिनापुर कितना छोटा पड़ रहा है। आज अंग, बंग, कलिंग, मद्र सब हस्तिनापुर के सामने अशक्त हैं। केवल यह वन और वहाँ के निवासी...विचित्र लोग हैं। वे असभ्य के असभ्य ही बने रहेंगे। वे हमारी तरह रहना नहीं चाहते। वेद कहता है आर्य बनाओ। उस वनग्राम के लोग...

वसुमती : बस किसी तरह महाराज आ जाएँ...

सुनास : चिंता न करें...देवी...

देवरात : विश्राम करें...

[सबका प्रस्थान]

दृश्य-2

[स्थान—पाँचवें अंक के प्रथम दृश्य के समान। नदी तीर पर दुष्यंत और शकुंतला टहलते हुए। ब्रह्मचारी व तपस्वी बीच-बीच में आस-पास से गुजरते हैं, पर उन दोनों को अनदेखा करके।]

दुष्यंत : कितने दिन बीत गए...हम जब इस वन में आए थे, तो अनेक धारणाएँ अपने साथ लेकर आए थे...वे मिथ्या सिद्ध हुईं...जो ज्ञान हमें दिया गया था, वह यहाँ निरर्थक निकला...इस कारण हम कुछ संभ्रम में पड़ गए हैं...

शकुंतला : राजन्, तुम कहना क्या चाह रहे हो यह मैं नहीं समझ पा रही, पर यह समझ रही हूँ कि तुम उद्भ्रांत हो, विकल हो।

दुष्यंत : तुम्हारा कहना सत्य है...इस वन में आकर जो देखा वह अकल्पित था...दो स्त्रियाँ थीं...जर्फरी और तुर्फरी...दोनों बोलती नहीं थीं...राजकुल में सब उनकी हँसी उड़ाते थे...हम ने उन्हें सेवा में इसलिए रखा था कि वे शस्त्रसंधान में अच्छे-अच्छे धनुर्धारियों को पछाड़ सकती थीं...पर वे हाथी को पछाड़ देंगी...यह यहाँ आकर देखा...आँखों से देखा है, कोई कहता तो विश्वास नहीं कर पाते...

शकुंतला : एक हाथी रहा होगा, वे उसके पेट के नीचे चली गई होंगी, फिर उन्होंने उसके अगले पाँवों के बीच से फुर्ती से निकलकर सूँड़ पकड़ ली होगी...

दुष्यंत : तुम तो ऐसे बता रही हो, जैसे तुमने यह सब आँखों से देखा हो...

शकुंतला : तुम्हारे साथ आई स्त्रियों ने क्या किया वह मैंने नहीं देखा... वे स्त्रियाँ वनग्राम में रही होंगी...वनग्राम के लोग यह कला जानते हैं...पागल या मदमत्त हुए हाथी को वश में करने की...

दुष्यंत : हाँ, वे दोनों इसी क्षेत्र की हैं...

शकुंतला : नगर के लोग अपने को बहुत ज्ञानी समझते हैं, पर यहाँ आकर वे अज्ञानी सिद्ध हो जाते हैं...वे समझते हैं कि वे जंगल के लोगों को मूर्ख बना देंगे...भेस बदलकर उनके बीच चले जाएँगे, तो ये लोग क्या पहचान पाएँगे...पर हमारे लोग उन्हें सहजता से पकड़ लेते हैं...अभी तीन लोग पकड़े गए थे। तुम्हारे साथी हैं तीनों...हमने उन्हें हस्तिनापुर भिजवाने की व्यवस्था कर दी।

दुष्यंत : *(सहसा रुककर)* यह हमें क्या हो गया शकुंतला...इसके पहले...

शकुंतला : इसके पहले... ?

दुष्यंत : इसके पहले कभी ऐसा नहीं लगा...इसके पहले हम इस

तरह किसी लड़की से न बोले, न बतियाए...न इसके पहले हम कभी इस तरह से हँस पाए...अब लगता है हस्तिनापुर छोड़ दें...नगर के...राजधानी के...बंधन तोड़ दें...जीवन की धारा को नया मोड़ दें...बस यहीं बस जाएँ...यह सब वहाँ कहाँ मिल सकता है...

शकुंतला : ऐसा हो जाएगा यह सोचा न था—मुझे तुम से द्वेष था, पर अब नहीं है...

दुष्यंत : मुझे भी तुम से द्वेष था—

दुष्यंत : तुम्हें क्या हुआ, तुम वैसी नहीं रहीं...

शकुंतला : मैं, मुझे क्या होगा...

दुष्यंत : शकुंतला, तुम मुझ से झूठ बोल सकती हो, अपने आप से नहीं...तुमने भी तो पुरुष का संग पहली बार पाया...

शकुंतला : झूठ नहीं कहूँगी...पुरुष का संग पहली बार पाया...हमारे समाज में बंधन नहीं है जैसे तुम्हारे नगर में...लड़कियाँ, कन्याएँ स्वतंत्र हैं...फिर भी मैंने किसी को नहीं चुना...तुम्हारे लिए ममता जागी, तुम्हारी असहायता पर...मैंने तुम्हारा साथ चुना...तुम्हारा वरण किया...

दुष्यंत : मैंने भी तुम्हारा साथ चुना और तुम्हारा वरण किया...

शकुंतला : तो तुम मेरा साथ दोगे?

दुष्यंत : क्या करना होगा मुझे?

शकुंतला : तुम्हें वह करना होगा जिससे हस्तिनापुर हमारा विरोध छोड़ दे...

दुष्यंत : हस्तिनापुर तुम्हारे विरोध में कहाँ है...हस्तिनापुर तुम लोगों से अलग है ही कहाँ?

शकुंतला : हस्तिनापुर हमसे अलग है, वह हमारा नियामक बनना चाहता है...हम नियामक नहीं बनने दे सकते। हमारी नियामक हमारी अरण्यानी है...यहाँ उसका शासन है...

दुष्यंत : शकुंतला, अरण्यानी से राज्य नहीं चलते। राज्य बनते हैं मनुष्यों के द्वारा।

शकुंतला : यह अभी तक तुमने अनुभव नहीं किया...जब अनुभव कर

लोगे, तो इस अरण्य का, यहाँ के लोगों का, यहाँ मृगों और पशुओं का आखेट करने नहीं उनके साथ रहने आओगे...तुम हमारी अरण्यानी को घायल करके अपनी रानी के सैर-सपाटे के लिए लकड़ियों का नकली पर्वत बनवाना छोड़ दोगे, हस्तिनापुर में तुम यहाँ से नगर के वनपालों को हटा लोगे...क्यों कि वे लोग हम वनग्राम के निवासियों को तो नित्य के उपयोग के लिए सूखी टहनियाँ भी ले जाने से रोकते हैं और पेड़ के पेड़ कटवाकर लकड़ियाँ नगर भेज रहे हैं, तुम्हें कुछ अनुमान है, तुम्हारी इस मृगया के कारण वनग्रामों में कितने लोगों के प्राण गए वन्य गजों के उपद्रव में ?

दुष्यंत : वनग्रामों के लोगों के भी प्राण गए वन्य गजों के कारण ? मुझे तो बताया गया कि हमारे सैनिक कुचले गए, पच्चीस के लगभग सैनिक...इतने दुष्ट गज हैं वन के...उन्होंने हमारा शिविर रौंद डाला !

शकुंतला : राजा, जब तुम्हारे लोगों को इस वन का ज्ञान नहीं, यहाँ के हाथी क्या चाहते हैं, वे क्यों क्रोध करते हैं, यह वे नहीं जानते तो तुम सब लोग यहाँ क्यों चले आए ? प्यासे हाथी पानी पीने मालिनी नदी की ओर जा रहे थे, तुम्हारे लोगों ने उनको छेड़ा, उनको पकड़ना चाहा...हम पुकारते रह गए हाथियों को, वे कुपित हो जाते हैं, तो फिर वे नहीं सुनते किसी की ! उन्होंने तुम्हारे लोगों को ही नहीं, मार्ग में जो आए उन सबको ही तो रौंद दिया...

दुष्यंत : तो क्या तुम लोग इन हाथियों की भाषा भी समझते हो ?

शकुंतला : अरण्यानी की भाषा है...वह हम को सिखाती है...एक बात और है...तुम्हारा एक मंत्री है—विकर्ण। वह हमारे समाज का है, वह इस आश्रम का ब्रह्मचारी रहा है, पिता कण्व ने उसे पढ़ाया है, हमें उस पर विश्वास है, उसने ही इस संकट में हमारी सहायता भी की है...यदि तुम सचमुच चाहते हो कि हस्तिनापुर और अरण्यानी के बीच सामंजस्य हो जाए,

वह रहेगा हमारे और तुम्हारे बीच के संवाद में...

दुष्यंत : विकर्ण बहुत बुद्धिमान् और ज्ञानी हैं, हम उनकी बुद्धिमत्ता और दूरदर्शिता का उपयोग करेंगे...

[बादलों की गड़गड़ाहट, पानी की बौछार। दुष्यंत और शकुंतला हाथ में हाथ लिए वर्षा में भीगते चल रहे हैं।]

दुष्यंत : कैसी अद्‌भुत वर्षा है, बिना ऋतु के वर्षा, वर्षा नहीं जैसे संगीत, मैंने कभी अनुभव नहीं किया...

शकुंतला : तुम्हारे लिए होगा संगीत...अनिर्वचनीय सुख...हमारे लिए यह जीवनदायिनी है...

दुष्यंत : अच्छा? वह कैसे?

शकुंतला : हम इसे माहौट कहते हैं...यह शरद् और हेमंत की वर्षा...इससे वन में होने वाले धान लहलहा उठते हैं...हम लोग खेती नहीं करते हस्तिनापुर के लोगों की तरह।...हम वन में जो हो जाता है उसे स्वीकार करते हैं...अरण्यानी हमारी माता...वह हमें बिना कृषि के कितना कुछ दे देती है...यह वर्षा भी उसी के कारण है...इससे

[नेपथ्य से पर्जन्य सूक्त]

जो औंधा देता है मशक बनाकर नभ को
नहला देता है वन को बस्ती को हम सब को
जल की अगणित धाराओं में सराबोर कर
आओ उस पर्जन्य देव का हम करें नमन
पावस की घनघोर वृष्टि जितनी सुखकर है
यह हेमंत की मंद-मंद धार हमारे लिए मधुर है।

दुष्यंत : शकुंतला, ये लोग क्या गा रहे हैं?

शकुंतला : वे हेमंत की वर्षा का गीत गा रहे हैं...

दुष्यंत : हेमंत? क्या यह शरद् नहीं...

शकुंतला : नहीं महाराज, शरद् कब का बीत गया...

दुष्यंत : पर मैं तो हस्तिनापुर से शरद् ऋतु में आया था इस वन में...कितने दिन हो गए मुझे यहाँ ? कुछ पता ही नहीं समय कैसे बीतता है यहाँ—

मैं भूल गया...मैं यहाँ रहते-रहते हस्तिनापुर को भूल गया...

शकुंतला : पर भुलाए से भूलेगा कैसे...वह तुम्हारे साथ लगा हुआ है न...तुम्हारे साथी बहुत व्याकुल हैं यहाँ से जाने के लिए, तुम्हें ले जाने के लिए वे बार-बार गुहार लगा रहे हैं, सेनापति भी संदेश भेज रहा है हमें बार-बार...जाना चाहते हो तो जाओ हम रोकेंगे नहीं...हमने तुम्हारे सेनापति को भी वचन दिया था कि हम राजा को छोड़ देंगे...

दुष्यंत : मैं तुम से ऐसे बंधन में बँध गया जिससे शेष सारे बंधन अपने आप टूट गए, तुम से जो मेरा पुत्र होगा, वह आर्यावर्त का सम्राट् बनेगा...

शकुंतला : मुझे तुम्हारे साथ रहकर सुख मिला...पुत्र यदि हुआ तो उसे मैं एक वीर पुरुष बनाऊँगी।...वह हमारे कबीले का नेता पहले होगा...फिर आर्यावर्त का चाहे सम्राट् बने चाहे न बने, यह जो हुआ...आनंद था पहली बार पुरुष का साथ।

दुष्यंत : मेरे लिए भी यह अनिर्वचनीय सुख था...हमारा बेटा...वह हस्तिनापुर आए...वह एक दिन राजा बने...

शकुंतला : वह सब ठीक है, पर तुम यहाँ आकर क्यों नहीं रहते...

दुष्यंत : ऐसा कैसे हो सकता है, हस्तिनापुर मुझे पुकार रहा है...मैं यहाँ नहीं रह सकता...पर यहाँ रहकर मैंने जो सीखा, उससे मैं हस्तिनापुर को बदल डालूँगा...एक ओर मुझे खींचता है हस्तिनापुर, दूसरी ओर से यह वन यह आश्रम पावन या अरण्यानी...कभी लगता है मन यहाँ है बस तुम्हारे पास, पर काया हस्तिनापुर की ओर।

शकुंतला : वहाँ बड़ा सुख है न...यहाँ तो खटना पड़ता है, जीवन सुगम नहीं है...

दुष्यंत : हम इसे सुगम बनाएँगे...हम हस्तिनापुर और द्वैत वन के

बीच की दूरियाँ मिटाएँगे...शकुंतला मैं जा रहा हूँ, पर भूलूँगा नहीं...

शकुंतला : मैं भी नहीं भूलूँगी कि तुम यह कहकर जा रहे हो कि तुम भूलोगे नहीं...

समूहगान

रच देगी इतिहास नया, समय नया रच देगी
यह अपने संकल्प, स्वप्न आस्थाएँ स्वयं कहेगी,
यह कथा नहीं केवल, यह एक समरगाथा है
इसमें बुने हुए हैं स्वप्न और जीवन की आस्था
कथा शकुंतला की...

[ब्रह्मचारी प्रवेश कर समूह गान करते हैं]

यह लपट अग्नि की जो धधक उठी है वेदी पर
हम सब की आत्मा को वह आलोकित कर दे
अँधियारे को धूमपुंज को वह निरस्त कर
चढ़ती जाए ऊपर, ऊपर नभ के सोपानों पर

[सबका प्रस्थान]

सातवाँ अंक

[स्थान—छठे अंक के पहले दृश्य के समान, हस्तिनापुर का राजप्रासाद। दो महीने बीत चुके हैं। वसुमती अनमनी बैठी है।]

[बदहवास वितानिनी का प्रवेश]

वितानिनी : महारानी! वे आ गए...

वसुमती : कौन आ गए? वितानिनी ऐसी घबराई हुई क्यों है?

वितानिनी : बस अभी-अभी आकर पहुँचे हैं...

वसुमती : अरी मूर्खा, स्पष्ट क्यों नहीं बोलती कौन आ गया, कौन पहुँच गया?

वितानिनी : महाराज को कह रही हूँ देवी...

वसुमती : महाराज?

वितानिनी : हाँ, कठिनाई से पहचाना उनको, नगर के मुख्य द्वार पर महाप्रतीहार ने रोक लिया...कहते हैं इतने बदल गए हैं कि महाप्रतीहार को भी एक बार तो भ्रम हो ही गया...पर उनका स्वर...उससे पहचाना...सारे नगर में उत्सव आरंभ हो गया है...अमात्य विकर्ण उनको लेकर आ रहे हैं...

वसुमती : अमात्य विकर्ण? तो क्या उन्हें विदित था कि...?

[सेनापति शक्तिभद्र, पुरोहित देवरात और अमात्य सुनास का प्रवेश]

सुनास : महारानी, मैं आपको यह बताना चाह रहा था, यह जो कुछ अवांछित घटता गया उसमें अमात्य विकर्ण की मिलीभगत है, वे हस्तिनापुर के नहीं हमारे विरोधी उन वनवासियों के

सहायक बनकर काम कर रहे हैं इन दिनों...

[नेपथ्य से ऊँचे स्वर में घोषणा—सुनें, सब सुनें, राजकुल के सेवक, मंडल के सब लोग सुनें, परम प्रतापी, कुरुकुल के सम्राट् महाराज दुष्यंत पधार रहे हैं...]

वसुमती : (हड़बड़ा कर) वितानिनी, कहाँ हैं दासियाँ...मंगल कलश लेकर आ...दीप जलाकर ला...अक्षत और कुंकुम एक थाली में लाना...ओह! कितना अस्तव्यस्त सब पड़ा हुआ है...इतने दिन से इस सब पर तो ध्यान ही नहीं था...और अब अचानक महाराज का इस तरह आ जाना...कुछ समय ही नहीं मिल पाया कि साजसज्जा कर सकें...वितानिनी त्वरा कर...

वितानिनी : बस यह गई यह आई...*(प्रस्थान)*

[नेपथ्य से—इधर से आइए महाराज, इधर से]

वसुमती : आ ही तो गए...

[अमात्य विकर्ण के साथ दुष्यंत का प्रवेश]

वसुमती : वितानिनी, त्वरा कर, त्वरा कर...

[हाथ में थाली लिए वितानिनी का प्रवेश। उसके पीछे मंगलकलश लिए पाँच दासियाँ]

वसुमती : इधर ला...

[वितानिनी के हाथ से थाली लेकर दुष्यंत की आरती उतारती है। नेपथ्य से शंख ध्वनि। दुष्यंत गंभीर है। अमात्य विकर्ण वसुमती को संकेत करता है।]

वसुमती : स्वागत है...अचानक इस तरह...पहले से कुछ सूचना नहीं...

सुनास : हमारा तो सारा का सारा तंत्र वनग्राम और द्वैत वन में लगा हुआ था...

विकर्ण : महारानी! महाराज को विश्राम की आवश्यकता है...

[वसुमती दासियों को जाने का संकेत करती है। दासियाँ मस्तक झुका-झुकाकर प्रस्थान करती हैं।]

दुष्यंत : आप लोग भी प्रस्थान करें...बहुत-सी बातें हैं, उन पर चर्चा कल राजसभा में होगी...

[सेनापति शक्तिभद्र, पुरोहित देवरात, अमात्य सुनास और दोनों वैतालिक तथा भषक और चषक मस्तक झुकाकर अभिवादन करके प्रस्थान करते हैं।]

विकर्ण : मैं उन लोगों के लिए व्यवस्था करा देता हूँ...

दुष्यंत : हाँ, वह बहुत आवश्यक है...

[विकर्ण सिर झुकाकर अभिवादन कर प्रस्थान करता है।]

वसुमती : आइए, भीतर प्रवेश कीजिए, थके लग रहे हैं, कुछ विश्राम कर लीजिए मैं स्नान के लिए व्यवस्था कराती हूँ...

[दोनों परिक्रमाकर भीतर के भाग में पहुँचते हैं।]

वसुमती : वितानिनी! मणिभूमि में स्नान के लिए जल रख दे...

दुष्यंत : मणिभूमि में स्नान? वह कैसे होगा?

वसुमती : क्या मणिभूमि भूल गए...स्नान और कैसे करेंगे?

दुष्यंत : हाँ, मणिभूमि में ही तो!

वसुमती : वितानिनी, मध्याह्न के भोजन का समय हो रहा है...वह भी तैयार करने को बोल दे सूदों को...*(दुष्यंत से)* किसका कह रहे थे अमात्य विकर्ण? किसके लिए व्यवस्था करानी है?

दुष्यंत : उस वनग्राम के जो लोग मेरे साथ आए हैं मुझे हस्तिनापुर तक पहुँचाने।

वसुमती : उस वनग्राम के लोग? हमारे लोग थे तो वहाँ...

दुष्यंत : हमारे लोग थे...पर शकुंतला उनकी मुखिया...उसका आग्रह था कि मेरे साथ पाँच लोग जाएँगे...उनके प्रतिनिधि...

वसुमती : यह सब क्या हो गया महाराज...पता चला आप जंगल की उस लड़की के साथ...और आप का वहाँ मन भी लग गया था...जंगल में...

दुष्यंत : बहुत कुछ कहना है देवि...वहाँ रहकर मैंने जीवन का दूसरा रूप देखा और बहुत कुछ सीखा भी...

वसुमती : उन असभ्य, अशिक्षित लोगों से...

दुष्यंत : न वे असभ्य हैं न अशिक्षित...शकुंतला भी पढ़-लिख लेती है...

वसुमती : वह लड़की...वह तो टोना-टोटका जानती है...उसी ने तो...

दुष्यंत : ऐसा नहीं है...उसने कोई टोना-टोटका नहीं किया मेरे ऊपर...पर वह मुझे रखना चाहती थी...आश्रम में...उन लोगों की जो रीति है, प्रथा और परंपरा है उसके अनुसार...

वसुमती : उन लोगों की रीति और प्रथा?

दुष्यंत : हाँ...मैंने उससे गांधर्व विवाह कर लिया था...अचानक मुझे यह उपाय सूझा...यदि मैं गांधर्व विवाह कर लेता हूँ उससे तो बचकर निकल सकता हूँ, पर उन लोगों की रीति है कि वधू ही वर को ब्याह कर अपने घर लाती है...पर जब विवाह कर लिया तो...

वसुमती : तो आपका मन बदल गया...महाराज आप एक सम्राट् हैं, अपने दायित्व का विचार कीजिए...उस विवाह का प्रमाण क्या और औचित्य क्या? और उन लोगों का भरोसा क्या? उनके यहाँ से तो एक स्त्री कई पुरुषों का वरण कर लेती है...

दुष्यंत : शकुंतला ऐसा नहीं करेगी...देवि! उसने मुझे विश्वास दिलाया...मेरी संतान उसकी कोख में है...वह कुरुवंश का

भविष्य है...जब मैंने उससे विवाह का प्रस्ताव किया, तब तक भी मेरे मन में छल था...मैं सोचता था कि उसने मुझे बंदी बना लिया है, तो उलटकर मैं ही उसका आखेट करूँगा...पर मन बाद में बदल गया...

वसुमती : यही तो उस जंगल की लड़की का टोटका था। यह सब झूठ है...प्रवंचना है...महाराज...पता नहीं किसका पाप वह पाल रही होगी...उन लोगों का कोई भरोसा नहीं...आप उसे स्वीकार नहीं करेंगे...

दुष्यंत : वह विधाता की अद्‌भुत रचना है। वह सब की भाषा बूझ लेती है, हरिण, पक्षी, लताएँ, पेड़ उससे बात करते हैं।

वितानिनी : यह सब माया है, प्रवंचना है...

[वितानिनी का दासियों के साथ प्रवेश]

दुष्यंत : हम इन प्रकरणों पर बात करेंगे...

वितानिनी : स्नान के लिए जल रखवा दिया है...

वसुमती : *(दासियों से)* महाराज को मणिभूमि में ले जाओ तुम लोग!

[दुष्यंत का दासियों के साथ प्रस्थान]

वसुमती : वितानिनी, भोजन बहुत अच्छा होना चाहिए...कितने दिन हो गए...हरिण का मांस नहीं बना...और भी जो-जो राजा को रुचिकर था, सब बनवाया जाए...और शीघ्र सब व्यवस्था हो!

वितानिना : जी!...*(जाती है)*

[दूसरी ओर से दासियाँ दुष्यंत को लेकर आती हैं]

वसुमती : अब कुछ अच्छा लग रहा है? कुछ थकान दूर हुई?

दुष्यंत : अच्छा लग रहा है पर कितना भिन्न...वहाँ खुले आकाश के नीचे नदी में स्नान...

वसुमती : आप क्यों अनमने से रहते हैं। जो कुछ हुआ वह मिथ्या था,

माया थी वह...या फिर एक दीर्घ स्वप्न था...उसे भूल जाइए...

दुष्यंत : कुछ समझ में नहीं आता...हस्तिनापुर का सत्य और द्वैतवन का सत्य...क्या अलग-अलग हैं?

वसुमती : मेरे मन में एक विचार आया है अभी...हम दोनों को जोड़ देंगे...द्वैतवन को हम यहाँ उपस्थित कर देंगे...

दुष्यंत : क्या कहना चाहती हो रानी?

वसुमती : हम एक संग्रहालय बनाएँगे...

दुष्यंत : संग्रहालय?...

वसुमती : जिसमें उन लोगों की संस्कृति को संरक्षित किया जा सके...दारुपर्वत केवल हमारे विहार और मन के बहलाव के लिए था, एक महान् स्मारक, कला का, संस्कृति का मंदिर होगा...उस संग्रहालय में कोल, किरात, निषाद, गुह इन सब के जीवन की झाँकियाँ होंगी, यक्ष, राक्षस, गंधर्व, किन्नर—इनकी रीतियाँ, नीतियाँ, पद्धतियाँ—चित्रित होंगी... यहाँ उनकी विचित्रताएँ, प्रथाएँ, कथाएँ और उनकी गाथाएँ—ये सब रहेंगी...संसार जान ले कि हम कितना सम्मान देते हैं इतर संस्कृतियों को! कितना अद्भुत होगा महाराज...और पुराणों के गायक आपकी कीर्ति गाएँगे!... इतना बड़ा कार्य आपने करा दिया...आख्यानविद्, कथक, मागध, सूत—ये सब अपने-अपने आख्यानों, कथागायनों में इस प्रसंग को जोड़ लेंगे...

दुष्यंत : आप इन सब को प्रदर्शन की वस्तुएँ समझती हैं...वे जो जीवित सभ्यताएँ हैं...उन लोगों के अपने स्वप्न हैं...

वसुमती : और हमारे स्वप्न? हमारे त्याग? उन का कोई मूल्य नहीं?

दुष्यंत : तुम्हारे स्वप्न? तुम्हारे त्याग?

वसुमती : मैं वसुमती काशीराज की पुत्री...एक महान् संस्कृति में पली और बड़ी हुई...हस्तिनापुर में आने पर कितना कुछ मैंने त्याग दिया...और मेरा एक स्वप्न था छोटा-सा—दारुपर्वत का...मैं उसे भी छोड़ती हूँ...आप जिन संस्कृतियों

की बात कर रहे हैं, उनके संरक्षण के लिए हम उन्हें संग्रहालय में प्रदर्शित करेंगे...मैं अभी शिल्पी देवदिण्ण को बुलवाती हूँ...

[दुष्यंत वातायन के बाहर ताकता रह जाता है।]

सातवाँ अंक

दृश्य-1

[पिछले अंक के बाद बारह वर्ष का अंतराल। द्वैत वन का वन ग्राम। विश्पला एक टीले पर बैठी हुई। पहले से बहुत अधिक बूढी दिखती है, आवाज में कंपन अधिक। आसपास बच्चे तीर चलाने का अभ्यास करते हुए। निम्बा, शिम्बा, कारु और यवस अपने-अपने कामों में लगे हुए।]

विश्पला : ए निम्बा, देख तो लकड़ी कौन काट रहा है...कुठार का वार ऐसा लगा जैसे देवदार पर पड़ा।

निम्बा : कब तक चिंता करोगी...वन में कटाई चल रही है फिर से।

विश्पला : फिर से ? अरे बंद करवा दी थी न हमने...बात हो गई थी...

निम्बा : *(कुछ चिढ़ कर)* भूल तो जाती हो...कितनी बार फिर से बताए...हस्तिनापुर के राजा की ओर से संदेशा आया, कुछ लकड़ी फिर से ले जाएँगे...इसे वे हमारे भले के कामों में लगाएँगे...

विश्पला : क्या कह रही है समझ में नहीं आता...मुझे तो संकट लगे है...मैंने तो उस आशरम वाले को बुलवाया था न कल।

शिम्बा : कण्व भैया ? वे आज आएँगे...

[निम्बा, शिम्बा, कारु और यवस के संवाद। विश्पला इन के दौरान ऊँघने लगती है।]

निम्बा : क्या लाभ हुआ उस लड़की को मुखिया बनाने का...

शिम्बा : वह तो हस्तिनापुर के राजा से प्रीत लगा बैठी...ब्याह कर

लिया...वह चला गया...

निम्बा : ऐसा मत कह...उसने हमारी रक्षा की...राजा से भी...राजा को उसने वश में कर लिया था...राजा उसके संकेत पर चलता था...प्रीत थी...दोनों में जुड़ाव हुआ, पर हमारे हित का तो सारा ध्यान रखा हमारी मुखिया ने...सभा की सारे बातें मानीं राजा ने...वचन दिया...

शिम्बा : अरे जब जानती थी कि वह धोखा करेगा तो उस समय उसे न छोड़ती...

कारु : हस्तिनापुर की सेना ने घेर लिया था हमें...

यवस : हमें सदा ही तो धोखा देते आए वे लोग...

कारु : बरस पर बरस बीतते चले गए...हमारी पल्लियाँ उजड़ रही हैं...

यवस : पहले ऐसा नहीं था...देखो यहाँ से जाने के दो-तीन वर्ष तक तो हस्तिनापुर के राजा ने बहुत ध्यान रखा...हमें यह भी बताया गया था कि लकड़ी का पहाड़ बनाने के लिए हमारे वन अब नहीं काटे जाएँगे...पहाड़ ही नहीं बनवाएँगे... जिन्हें पहाड़ देखना हो, वे सचमुच के पहाड़ देखें...नगर से लोग यहाँ आए भी, उनके और हमारे बीच भाई चारा हुआ...

कारु : फिर इस बीच ऐसा क्यों हुआ कि सेनाएँ फिर यहाँ डोल रही हैं...भय है...

—हस्तिनापुर बड़ा है...हम उनका युद्ध में सामना नहीं कर सकते...हमने देख तो लिया...लाखों सैनिकों ने घेर लिया था हमें...हम उन्हें हर बार तो चकमा नहीं दे सकते...

यवस : लो, वे आ तो गए...

[कण्व का प्रवेश]

कण्व : माँ, प्रणाम करता हूँ...

निम्बा, शिम्बा : कैसे हैं भैया आप...

कण्व : सब कुशल से हूँ...

विश्पला : कैसी है तेरी बिटिया शकुंतला, वो जो मुखिया है हम सबकी...

कण्व : शकुंतला...वह अनमनी रहती है...जो कुछ हो रहा है अच्छा नहीं हो रहा वन में...वनग्रामों की दशा...

विश्पला : अरे उससे कह चिंता न करे सब ठीक होगा, वन के देवता रक्षा करेंगे हमारी, नाश करेंगे हमारे बैरियों का...और अब तो बालक है न उसकी गोद में।

कण्व : हाँ...सर्वदमन। अब वह बड़ा हो गया माँ...

विश्पला : अच्छा ? कितना बड़ा, क्या तुझ से ऊँचा निकल गया ?

कण्व : हाँ...शरीर से तो मुझ से ऊँचा ही समझो...बड़ा तेजस्वी भी है...

विश्पला : देखा ही नहीं बहुत समय से तो उसको...सुना है बड़ा वीर है! सिंहों से युद्ध करता है और सिंहों को पछाड़ देता है...

कण्व : हाँ, पर वह कुछ समय से उग्र बहुत होता जा रहा है, हम लोगों से मुँह छिपाकर वन में कहाँ-कहाँ भटकता फिरता है...मुझे लगता है माँ की चिंता उसे भीतर ही भीतर से खरोंचती रहती है...मन में कोई रोष भर गया है उसके...

विश्पला : किसके लिए रोष है ? किसके लिए रोष है, ऐं ? इतने छोटे से बालक के मन में ऐसा क्या रोष ?

कण्व : शकुंतला कभी-कभी चिंतित हो जाती है सर्वदमन के लिए भी...कि क्या होगा उसका...वह ऐसा क्यों होता जा रहा है इतना प्रचंड...सब को इस तरह आतंकित करने वाला...वह समझाती भी है उसे। हम सब समझाते हैं सर्वदमन को...

विश्पला : वह बड़ा वीर निकलेगा...

कण्व : वीर तो है, पर अशांत लगता है माँ वह बच्चा...अपनी ही चलाएगा, सब को अपने अंकुश में रखना चाहेगा...बस अपनी माँ की सुनता है और मेरी...शेष लोग तो घबराते हैं उससे...नाम ही सर्वदमन है उसका।

विश्पला : ऐसा क्यों हो गया वह ?

कण्व : लगता है उसके मन में कोई रोष है...पिता के विषय में

पूछने लगा है अब वह...माँ को अनमनी देखता है तो स्वयं बहुत चिंतित हो जाता है...और फिर समझने भी बहुत लगा है वह...अस्तु...किसलिए बुलवाया था मुझे?

विश्पला : राजा को हमने कई बार संदेश भेजे...पर हमारी दशा बिगड़ती गई।

कण्व : राजा तक संदेश पहुँच नहीं पाते हैं माँ! हमारे संदेशवाहक राजा से मिल न पाए, हमारे पत्र मंत्री या रानी के पास तक पहुँचकर पता नहीं कहाँ बिला गए...

विश्पला : बच्चा, यह सब देख-समझकर मैं यह सोचती थी कि अब शकुंतला अपने बेटे को लेकर हस्तिनापुर जाए, उस राजा को अपने वचन का स्मरण दिलाए...इस अनाचार को बंद कराए...

कण्व : मैंने बात की थी शकुंतला से...

विश्पला : क्या कहती है वह?

शकुंतला : उसने कहा था कि जाएगी एक दिन...पर जाना इतना सरल तो न होगा...हस्तिनापुर ऐसा दुर्ग है, जिसे भेदकर राजा तक पहुँचना कठिन है...

यवस : हम साथ रहेंगे...रथ होगा, सेना होगी...

विश्पला : तो ठीक है, शकुंतला को भेजने की तैयारी करो तुम सब लोग...

सब : ठीक है। *(प्रस्थान)*

दृश्य-2

[वन का ही एक दूसरा भाग जो आश्रम के निकट है। सर्वदमन और पाँच बालक खेल रहे हैं।]

सर्वदमन : व्यायाम के गुरुजी ने बताए थे ये दोनों अभ्यास, व्याघ्र के झपटने का और हरिण की उछाल का। उनका अभ्यास

हमने कर लिया। आओ अब हम खेलेंगे एक नया खेल...मैं तुम लोगों को एक-एक करके उठाऊँगा...फिर तुम लोग मुझे एक साथ ऊपर उठाओगे।

बालक : इस खेल का नाम क्या है?

सर्वदमन : इस खेल का नाम लवणवीथिका है।

[बालकों को एक-एक करके पीठ पर उठाकर मंच के दूसरे किनारे तक पहुँचाता है।]

सर्वदमन : यह मेरा राज्य है अब तुम लोगों में तो अकेला कोई मुझे उठा न पाएगा, तो तुम लोग मिलकर मुझे उठाओगे।

बालक-1 : सर्वदमन, तुम हम लोगों को कैसे उठा लेते हो...इतना बल कैसे तुम में?

सर्वदमन : मेरी माँ ने मुझे दिया है यह बल। वह कहती है मुझे बलवान् बनना है।

बालक : किसलिए?

सर्वदमन : क्यों कि मुझे राजा बनना है...तुम सब लोग मेरे प्रजाजन होओगे।

सब : तुम? तुम राजा क्यों और हमीं प्रजा क्यों?

सर्वदमन : क्यों कि मैं राजा का बेटा हूँ...

बालक-1 : कैसे पता तुम्हें कि तुम राजा के बेटे हो...तुम्हारा तो पिता यहाँ रहता भी नहीं...

सर्वदमन : मेरी माँ कहती है कि मेरा पिता एक राजा है...हस्तिनापुर में रहता है वह।

बालक-2 : क्या तुम ने देखा हस्तिनापुर कहाँ है?

बालक-3 : हस्तिनापुर कहीं नहीं है...वह मात्र एक किंवदंती है...

सर्वदमन : हस्तिनापुर है...मैं वहाँ जाऊँगा...

दोनों बालक : हस्तिनापुर को हम स्वीकार नहीं करते।

सर्वदमन : *(दोनों बालकों को एक साथ दबोच लेता है)* जो मैं कह रहा हूँ वही सत्य है...यह अर्धचंद्र की मुद्रा है...इससे मैं दो लोगों को एकसाथ दबोच सकता हूँ...

दोनों बालक : अरे छोड़ो-छोड़ो सर्वदमन, क्या करते हो? क्या करते हो मान लिया, मान लिया कि तुम ने जो कहा वह सत्य है बस।

[सर्वदमन बालकों को छोड़ देता है।]

सर्वदमन : अच्छा बैठो-बैठो, हम सब बैठते हैं...

बालक : तुम राजा हो तो तुम ऊँचे सिंहासन पर बैठो...

सर्वदमन : माँ कहती है कोई छोटा-बड़ा नहीं, राजा भी प्रजा का सेवक है...उसे उनके साथ भी उठना-बैठना चाहिए...

[ब्रह्मचारी का प्रवेश]

ब्रह्मचारी : सर्वदमन! सर्वदमन!! आ। तेरी माँ बुला रही है...

सर्वदमन : आया! *(बालकों से)* तुम लोग जाओ, माँ क्रोध करेंगी यदि मैंने अध्ययन नहीं किया...

[बालक प्रस्थान करते हैं। सर्वदमन ब्रह्मचारी के साथ परिक्रमा करता है।]

सर्वदमन : आर्य सामश्रवा, आप जो कल कह रहे थे...मेरे मातामह के विषय में—क्या वह सत्य है?

ब्रह्मचारी : देख बालक सर्वदमन...हम झूठ क्यों कहेंगे...ऋषि विश्वामित्र का क्रोध प्रसिद्ध है। स्वर्गपुरी के राजा इंद्र से उनकी लागडाट चलती रही बड़े समय तक...उन्होंने यह भी घोषणा कर दी थी कि वे एक नया स्वर्ग बना देंगे...

सर्वदमन : पर मेरी माँ के साथ तो उन्होंने अन्याय किया न...

[सिंह का गर्जन]

ब्रह्मचारी : हम थोड़ा बचकर चलेंगे...एक सिंह है...वह बौराया रहता है आजकल...क्या पता हम पर आक्रमण कर दे...

सर्वदमन : हाँ, वह दूर एक गुफा है उसमें रहता है, पहले तो वह ऐसा नहीं था...क्यों बौराया रहता है वह?

ब्रह्मचारी : उसकी सिंहिनी को मारकर ले गए न हस्तिनापुर के लोग...उसको दो शावक थे, उनमें एक रहा नहीं...एक बचा है...

सर्वदमन : ओह...नगर के लोगों का यहाँ आना मृगया करना यह बंद नहीं हुआ न...

ब्रह्मचारी : हस्तिनापुर के राजा ने वचन दिया था...कुछ समय बंद ही रही नगर के लोगों की घुसपैठ...पर अब कुछ दिनों से वे लोग फिर आ जाते हैं...

सर्वदमन : इसे तो बंद करना होगा...

[गर्जन पास आता है]

सर्वदमन : यह तो हमारे ऊपर गुर्रा रहा है...इसे हम से क्या वैर ?

ब्रह्मचारी : सिंह समझते नहीं हैं, वानर और हाथी समझ लेते हैं मनुष्य और मनुष्य का अंतर...*(सर्वदमन का हाथ पकड़ कर)* कहीं वह कुछ क्षति न करे हमारी...

सर्वदमन : आप क्यों घबरा रहे हैं...मैं हूँ न...मैं आपकी रक्षा करूँगा...

ब्रह्मचारी : *(डरी हुई हँसी के साथ)* तुम ?...तुम तो अभी बालक ही हो...

सर्वदमन : माँ कहती है कि मुझे क्षत्रिय बनकर रहना है...क्षत्रिय का काम है लोगों की रक्षा करना...*(देखकर)* अरे, यह तो पीछे ही पड़ गया हमारे...हम पर यह क्यों क्रोध कर रहा है...मैं देखूँ इसको *(जाने लगता है)*

ब्रह्मचारी : सर्वदमन! सर्वदमन!! सिंहों से जूझना ठीक नहीं... तुम सिंहशावकों के साथ खेलते रहते हो—वह बात अलग है...

सर्वदमन : मैं अभी आया! *(प्रस्थान)*

ब्रह्मचारी : ओह, कुछ हो गया तो...एक तो नगर के लोगों का आना-जाना जब से इस वन में बढ़ा है, पहले जैसा कुछ नहीं रहा!

[नेपथ्य से सिंह की तीव्र दहाड़]

ब्रह्मचारी : *(देखकर)* अरे! यह तो भिड़ ही गया उस सिंह से!! ऐसा करना नहीं चाहिए था इसे!...अब मैं क्या करूँ...हे देवताओं रक्षा करना इस बालक की और हमारी भी!

[सर्वदमन गोद में सिंह शावक को उठाए हुए पुनः प्रवेश करता है।]

ब्रह्मचारी : यह क्या?...इसे क्यों उठा लाए?

सर्वदमन : यह मेरी गोद में आने के लिए मचल रहा था, तो मैंने उठा लिया...वह सिंह...वह तो इसी पर आक्रमण कर रहा था और यह बचने के लिए भाग रहा था मैंने उसको तो डराकर भगा दिया और इसे उठा लाया...

ब्रह्मचारी : सर्वदमन! पशुओं के अपने आचार-विचार होते हैं, हम उनमें हस्तक्षेप नहीं करते...

सर्वदमन : मैं जानता हूँ इस सिंह शावक को...यह बिचारा अपने पिता से भागता फिर रहा है...वह सिंह जो इसका पिता है न...इसी पर आक्रमण कर देता है और यह बचकर भागता है...यह कल मेरे पास आ गया था...इसे लगा कि मैं इसे बचा लूँगा इसके पिता से...

ब्रह्मचारी : वह सिंह इस शावक का पिता है...वह इसके साथ जो भी करे...

सर्वदमन : पिता को यह अधिकार नहीं दिया जा सकता कि वह पुत्र को ही खा जाए...

ब्रह्मचारी : अब तुम से कौन तर्क करे...क्या करेंगे इस सिंहशावक का हम?

सर्वदमन : हम इसे पालेंगे न...

ब्रह्मचारी : आश्रम में हम हरिणों को पालते हैं सिंहों को नहीं...

सर्वदमन : अभी यह छोटा है...कुछ बड़ा होगा तो वन में छोड़ देंगे... इसको लेकर आप चिंता मत कीजिए...

ब्रह्मचारी : देवी शकुंतला इधर ही होंगी...मैं गायों का काम देख लूँ...तुम जाओ अपनी माँ के पास...*(प्रस्थान)*

[सर्वदमन सिंह शावक को उठाकर परिक्रमा करता है।]

[शकुंतला का प्रवेश। पहले से गंभीर लगती है। एक चित्रफलक सामने है, कूर्च (ब्रश) से उसमें रंग भर रही है।]

सर्वदमन : माँ...क्या कर रही हो माँ...

शकुंतला : अरे, यह तू किस सिंह के बच्चे को उठा लाया?

सर्वदमन : मैं नहीं लाया माँ...यह मुझ से खेलना चाहता है, खेलते-खेलते गरजने लगता है, तो दूसरे बच्चे इससे डर जाते हैं...मैं इसे सिंह की गुफा तक प्रतिदिन छोड़कर आता हूँ—यह फिर यहाँ चला आता है...इसका पिता इसका शत्रु बन गया है...*(सिंहशावक से)* दाँत दिखा, दाँत दिखा अपने कितने और आ गए...अरे मेरे अट्ठाईस दाँत हैं, और इसके तीस...

शकुंतला : उसे छोड़ दे, वह अपने आप चला जाएगा अपने माता-पिता के पास।

सर्वदमन : *(चित्रफलक देखकर)* अरे! यह चित्र तुमने पूरा कर दिया...किसका चित्र है यह?

शकुंतला : यह तेरे पिता का चित्र है...तू ने पूछा था न कि कैसे दिखते हैं मेरे पिता।

सर्वदमन : मेरा पिता...तो ऐसा है मेरा पिता...

शकुंतला : अरे ऐसा नहीं बोला जाता पिता के लिए...

सर्वदमन : तो कैसे बोलूँ?

शकुंतला : बड़ों के लिए बहुवचन का प्रयोग होता है...

सर्वदमन : सो क्यों?

शकुंतला : क्यों कि नगर में यह शिष्टाचार माना जाता है बड़ों के लिए बहुवचन।

सर्वदमन : उनके लिए बहुवचन और हमारे लिए एकवचन...हम उनसे कम हैं क्या? कोई बात नहीं मैं बहुवचन में बोल दूँगा, बुरे

नहीं हैं मेरे पिता पर क्या वे सचमुच में इतने सुंदर हैं, जितने तुमने चित्र में बना दिए हैं या यों ही...

शकुंतला : वे इससे अधिक सुंदर हैं...

सर्वदमन : ऐसे कुछ विशेष तो नहीं लगते...माँ...

शकुंतला : कुछ विशेष था उनमें...नहीं तो मैं क्यों उन्हें चाहती?

सर्वदमन : ठीक है, तुमने उन्हें चाहा...पर जब वह चला गया...मेरा आशय है जब वे चले गए तुम्हें छोड़कर तो तुमने अन्य पुरुषों को क्यों नहीं चाहा?

शकुंतला : मेरा मन नहीं हुआ बेटा...किसी और को साथ रखने का, किसी और को चाहने का...बरस पर बरस निकल गए... मुझे प्रतीक्षा थी कि कदाचित् वह स्वयं आ जाएगा यहाँ...उसकी प्रतीक्षा में मैंने जो उसे वचन दिया था मैं उसे निभाती रही...

सर्वदमन : तुमने उन्हें...मेरे पिता को क्यों वचन दे दिया कि तुम बस उन्हें चाहोगी...माँ यह वंचना है उन नगर के लोगों की...वे स्त्री पर अपना एकाधिकार समझते हैं...पता है, वहाँ एक पुरुष कई-कई स्त्रियाँ अपने घर में रख लेता है...हमारे यहाँ तो ऐसा नहीं है, मेरे साथ जो बालक खेलने आते हैं उनमें हर एक के घर में जितने पुरुष उनकी माताओं के साथ रहते हैं, वे सब एक साथ पिता होते हैं बालकों के...मेरा एक ही पिता क्यों?

शकुंतला : सर्वदमन तुझे पता है तेरा नाम सर्वदमन क्यों रखा बाबा ने?

सर्वदमन : बाबा ने रखा मेरा यह नाम?

शकुंतला : हाँ...

सर्वदमन : क्यों रखा बाबा ने मेरा यह नाम?

शकुंतला : इसलिए कि तू अपने पिता की तरह अपनी ही बात सबसे ऊपर रखना चाहता है, बेटे सबकी सुननी चाहिए, हम लोग सब की सुनते हैं मिलकर निर्णय लेते हैं, मैंने जो निर्णय लिया उसे भी तो सभा ने स्वीकार किया न। तुझे हम लोगों

से आगे जाना है...इस वनग्राम, यहाँ के आश्रम और हस्तिनापुर के बीच तुझे सेतु बनना है। दोनों ही समझनी होगी—वहाँ की परंपराएँ और रीतियाँ, हमारी परंपराएँ हमारी रीतियाँ...

सर्वदमन : हस्तिनापुर...उसके विषय में तो बस सुना ही सुना है...या फिर पढ़ा भी है। एक व्यास मुनि यहाँ आते हैं न हमें वे पुराण सुनाते हैं, उसमें हस्तिनापुर का बहुत वर्णन है, पुरु वंश का भी...पर प्रत्यक्ष तो नहीं देखा...

शकुंतला : प्रत्यक्ष भी अब देखेगा...हम हस्तिनापुर चलेंगे...

सर्वदमन : हस्तिनापुर? वह तो बहुत दूर है...

शकुंतला : हमने चाहा था कि वह दूर न रहे...पर वह निकट आते-आते फिर और दूर चला गया है...

सर्वदमन : तुम मनुष्य की बात कर रही हो या नगर की?

शकुंतला : नगर तो मनुष्य ही बनाते हैं न...

सर्वदमन : हस्तिनापुर क्यों जाएँगे हम?

शकुंतला : तू बारह बरस का हो गया...तुझे युवराज बनना है, तुझे बहुत कुछ सीखना है...हस्तिनापुर में रहकर...वहाँ और भी बड़े गुरु और ज्ञानी मिलेंगे...वहाँ अर्थशास्त्र सीखना होगा...दंडनीति...वह यहाँ नहीं सीखी न...पर ध्यान रखना हम लोग...हमारा समाज जैसा है...हम वनग्राम के लोग आश्रम के लोग...हमारा हित हमारी प्रथाएँ ये टूट न पाएँ...

सर्वदमन : हस्तिनापुर तो नगर है...सुना है वहाँ बड़े-बड़े भवन हैं...

शकुंतला : हाँ, पर वहाँ अरण्यानी नहीं...देवदारु और सरल के पेड़ नहीं, भूर्जपत्र नहीं...ये हरिण नहीं, शश नहीं...

सर्वदमन : फिर मैं किसके साथ खेलूँगा?

शकुंतला : खेलना कम और अध्ययन अधिक करना होगा।

सर्वदमन : मैं यह चित्र अपने संगियों को दिखाने ले जाऊँ...

शकुंतला : अभी यह पूरा कहाँ हुआ?

सर्वदमन : मुझे तो पूरा लग रहा है...मैं ले जाता हूँ इसे!

[चित्रफलक उठाकर चला जाता है। कण्व का प्रवेश]

कण्व : बेटी, मैं सोचता हूँ कि तू जितनी जल्दी हो सके यहाँ से प्रस्थान कर...

शकुंतला : कहाँ जाना होगा बाबा?

कण्व : हस्तिनापुर...

शकुंतला : हस्तिनापुर? पर आपने तो कहा था कि मुझे जाने की आवश्यकता नहीं है...और फिर मेरा यहाँ रहना अनिवार्य है...अभी यहाँ बहुत कुछ करना है...

कण्व : पहले मैं सोचता था...कि क्या आवश्यकता तुझे हस्तिनापुर जाने की...राजा का दायित्व है, उसे तेरे पास आना चाहिए... पर अब लगता है कि तुझे एक बड़ी भूमिका निभाने के लिए वहाँ रहना होगा...

शकुंतला : आप चाहते हैं मैं उसके आगे झुकूँ और आश्रय की याचना करूँ?

कण्व : नहीं...याचना नहीं...यह तेरा अधिकार है, जो वह तुझे देगा...

शकुंतला : पर पहले आप ऐसा नहीं सोचते थे...

कण्व : बदलनी पड़ी हमें अपनी सोच...पहले मैं निरर्थक समझता था—विवाह करना किसी स्त्री का एक पुरुष से और पुरुष का स्त्री से बँधकर रहना...तू जानती है मैंने स्वयं विवाह नहीं किया...सम्बन्ध तो मेरे अनेक स्त्रियों से बने...गौतमी... वह यहीं रह गई...पर मैंने उसे बाँधकर रखना नहीं चाहा, मेरी संतानें यहाँ पलीं और बड़ी हुईं...वेद की मेरी शाखा काण्व शाखा का स्वाध्याय वे सब करते हैं...पर मैं अकेला रहा...इस वन के मुंडा और असुर लोगों के विवाह की रीतियाँ मुझे स्वीकार्य नहीं थीं—अब मैं स्त्री का अनेक पुरुषों से विवाह भी अनुचित मानता हूँ और पुरुष का अनेक स्त्रियों से विवाह भी...स्त्री-पुरुष एक रथ के दो पहिए हैं, दोनों का होना आवश्यक है...

शकुंतला : आप समझते हैं मैं वहाँ रह सकूँगी? क्या मुझे सदा पति

के संग ही रहना चाहिए अब? मेरा निभाव वहाँ हो सकेगा?

कण्व : तेरा निभाव वहाँ हो सकेगा...तेरे साथ सर्वदमन है न! मैं जानता हूँ तेरे भीतर तेज है...तू अग्नि का रूप है...पर केवल अग्नि पर्याप्त नहीं...अग्नि और सोम दोनों से संसार बना है...दुष्यंत सोम है...

[ब्रह्मचारी, बालक-बालिकाएँ, तापस-तापसियाँ आते हैं।]

ब्रह्मचारी : भगवन् जैसा आपने कहा था, शकटों पर सामग्री लाद दी गई, साथ जाने के लिए लोग तैयार हैं।

कण्व : तू तैयार है न बेटी? सर्वदमन को बुला, वह तेरे साथ जाएगा।

[सर्वदमन के साथ तापस-तापसियाँ, ब्रह्मचारी, बालक-बालिकाएँ आते हैं।]

बालिकाएँ : वह जा रही है अपने पति के घर।

बालक : आओ हम सब उसे दें विदा मिल कर।

ब्रह्मचारी : कहाँ है उसका रथ...

ब्रह्मचारी-2 : कहाँ हैं उसके परिधान...

बालिकाएँ : पवन उसका रथ है।

बालक : दिशाएँ उसके परिधान हैं।

ब्रह्मचारी : सूर्य की किरणें उसके माथे पर सिंदूर भर दें!

बालक : चंद्रमा उसके ललाट पर बिंदी बनकर चमके!

बालिकाएँ : यक्ष, गंधर्व, किन्नर...

बालक : देवता और विद्याधर...

बालिकाएँ : नर और वानर...

सब : सब मिलकर दें उसे विदा!

कण्व : जा बेटी...तेरे बिना सूना हो जाएगा यह आश्रम...ये ग्राम, ये अरण्य, ये समितियाँ, ये सभाएँ...फिर भी जा...इस देश

के भविष्य के लिए जा...मनुष्य जाति के लिए जा...महत् कर्म के लिए जा...

शकुंतला : पिता, आप चिंता मत कीजिएगा...मैं लौटकर आऊँगी।

कण्व : लौटकर तो तू आएगी ही...पर अकेली नहीं...पति के साथ...

कण्व : नगर के लोग इन दिनों बहुत आए-गए हमारे वनों में... इससे एक लाभ यह तो हुआ कि शकटों के आने-जाने के लिए मार्ग बन गए...अब कई स्थलों पर रथ्याएँ, वीथियाँ और पद्धतियाँ दिखती हैं...वन के पशु अवश्य डरे-डरे रहते हैं...

सर्वदमन : हम उनके डर का अंत कर सकेंगे न?

कण्व : *(सर्वदमन को अंक में भर कर)* हाँ...तू कर सकेगा... सर्वदमन...यह राष्ट्र तेरी प्रजा है, इसमें रहने वाले मनुष्य, पशु, पक्षी सब। तू इनका दमन नहीं रक्षण और भरण करेगा। अब तेरा सर्वदमन नाम नहीं होगा...

सर्वदमन : यह नाम तो आपने ही दिया है न!

कण्व : मैं ही घोषणा करता हूँ कि अब तू भरत होगा...तेरे नाम पर यह देश भारत कहलाएगा।

[शकुंतला उठकर अभिवादन करती है। शकट के चलने की आवाज।]

कण्व : पहुँचने में साँझ हो जाएगी इसलिए अब प्रस्थान करो!

[गायों के रँभाने की आवाजें]

शकुंतला : वाजिनी और सुपेषा, ये क्यों पुकार रही हैं...

कण्व : वे जान गईं हैं कि तू उन्हें छोड़कर जा रही है।

[माषीण, कारु, यवस और निम्बा, शिम्बा का प्रवेश]

कण्व : आ गए तुम लोग, देखो शकुंतला के साथ माषीण, यवस और कारु दो लोग जाएँगे।

सर्वदमन : माँ आओ, पहुँचने में विलम्ब भी होगा।

समूहगान :

सूर्य की टिकुली लगा कर,
चाँद माथे पर सजा कर
जा रही है हस्तिनापुर
आज शकुंतला
आओ सब लोग मिलकर
उसको दें विदा

[सबका प्रस्थान]

आठवाँ अंक

दृश्य-1

[हस्तिनापुर का सीमांत। करटक और दमनक का प्रवेश। दोनों पहले से बूढ़े दिखते हैं, जर्जर-फटे वस्त्रों में भिक्षुक के वेष में हैं।]

करटक : समय कितना बदल गया भाई...हमारी दशा ऐसी हो गई...

दमनक : क्या करें, श्रेष्ठी धनसागर नहीं रहे...उनका व्यवसाय सँभालने वाला कोई नहीं रहा...

करटक : *(घबरा कर, चीखकर)* ऊपर देख रहे हो...देखो! देखो!!

दमनक : क्या है ऊपर?

करटक : अरे वे ही गीध!...जो हमें वहाँ दिखे थे वन में कितने वर्ष पहले...

दमनक : दूसरे गीध होंगे भाई! उस बात को तो तीस वर्ष हो गए...

करटक : गीध दीर्घजीवी होते हैं...वे ही गीध हैं, इतने विशाल गीध बस वहीं देखे थे...मैं तो समझता हूँ भाग लो यहाँ से!...क्योंकि ये हमारे पीछे लगे हैं!!

[दोनों का गिरते-पड़ते प्रस्थान। संपाति और जटायु का प्रवेश।]

संपाति : जटायो, देखा वे दोनों मनुष्य हमें देखकर कैसे भागे...

जटायु : कई वर्ष बीत गए, वे हमें पकड़कर नगर में अपना नाटक चलाना चाहते थे...

संपाति : पर वे नहीं जानते थे कि सृष्टि के बड़े नाटक में हमारी एक

अलग भूमिका है...हम उनकी छोटी-सी भूमिका के लिए नहीं बनाए गए...

जटायु : पर यह तो बताओ बड़े भैया कि आप वन का वह पावन प्रदेश छोड़कर मुझे यहाँ क्यों ले आए...

संपाति : मैं तुझे यहाँ ले आया शकुंतला को दिखाने के लिए...

जटायु : उसे तो वन में हम देखते ही रहते हैं...बड़ी हो गई न...जब हमने उसकी रक्षा की थी...नवजात शिशु थी वह...कितनी सुंदर लगती थी...जैसे चंपे का फूल, हम लोग उसे अंक में नहीं उठा सके...

संपाति : पर वह हमारी बेटी है...हम उसके पिता है, क्योंकि जो बचा लेता है वह पिता होता है, जो पालता है वह भी पिता होता है...संतान के लिए अपना वीर्य देने वाला ही पिता नहीं होता...*(नीचे दिखाने का अभिनय करता हुआ)*—देख हस्तिनापुर के राजमार्ग पर यह कैसा अनोखा दृश्य...नगर के लोग भी चकित हैं...वे सुनते आए है शकुंतला की वीरता की गाथाएँ...नागर महिलाएँ गवाक्षों से देख रही हैं उसे मार्ग पर जाते हुए, उसे और उसके बेटे को...

दृश्य-2

[स्थान—हस्तिनापुर का राजप्रासाद का भीतरी भाग। वसुमती, सुनास और वितानिनी गंभीर मुद्रा में चर्चा करते हुए]

वसुमती : तो सूचना सत्य है कि वह लड़की वन से चल पड़ी...क्या किया हमने उसे रोकने के लिए...

वितानिनी : मंत्री सुनास जानते हैं...

सुनास : उसे रोकने के लिए जो बाधाएँ हमने बनाईं उन्हें वह पार करती गई...और वह यहाँ तक आ पहुँची...हस्तिनापुर की प्रजा उसके साथ है...अब सब कुछ राजा पर निर्भर है...

वसुमती : मुझे विश्वास है कि वे उसे भूल गए हैं...इतने वर्ष बीत गए उसकी स्मृतियों को उन्होंने पोंछ दिया है मन से...अब उन लोगों की दाल न गलेगी।

[सुरंगमा, सुगंधा, अर्गला का हड़बड़ी में प्रवेश]

वसुमती : क्या हुआ? तुम लोग इस तरह...??

तीनों : अनर्थ हो गया महारानी!

वितानिनी : हुआ क्या?

सुरंगमा : नगर में वन के लोग घुस आए...नगर के बहुत से लोग उनके साथ हैं...कुछ उनका विरोध कर रहे हैं!

सुगंधा : एक बालक है उनके साथ, वह इतना बलवान् है कि उसके तनिक से धक्के से बड़े-बड़े मल्ल धराशाई हो जाते हैं...

अर्गला : वे लोग राजप्रासाद तक आ गए!

वसुमती : *(सुनास से)* क्या करते रहे आप अभी तक...आप की सारी योजना उस लड़की को रोकने की विफल हुई!...

[नेपथ्य में कोलाहल]

सुनास : आ ही पहुँचे महारानी वे लोग!...महाराज कहाँ हैं?

वसुमती : महाराज तो धर्मासन पर जा बैठे...

सुनास : हम वहीं चलते हैं...हम प्रयास करेंगे...कि उन लोगों को महाराज खाली हाथ लौटा दें...

[सब परिक्रमा करते हैं। धर्मासन पर बैठे दुष्यंत का प्रवेश। पास में वसंतक खड़ा हुआ है।]

दुष्यंत : कभी-कभी तो सचमुच लगने लगता है कि वसुमती सत्य कह रही है...वह सब सपना था, माया थी, वंचना थी...पर मन के भीतर एक और मन है, वह कहता है कि नहीं विश्वास कर...वह सत्य था...

वसंतक : राजन्, आप उस सबको भूल ही जाइए...क्या लाभ...मरी हुई भैंस की पूँछ मरोड़ने से क्या लाभ।

[सुरंगमा, सुगंधा, अर्गला, वसुमती, सुनास आकर राजा को अभिवादन करके खड़े हो जाते हैं।]

[प्रतीहारी का प्रवेश]

प्रतीहारी : महाराज, द्वैत वन से कुछ लोग आए हैं, उनके साथ एक बालक है और एक स्त्री भी ।

दुष्यंत : द्वैतवन...इतने वर्षों बाद...अचानक...*(प्रतीहारी से)* अच्छा आने दो...

[शकुंतला, सर्वदमन, माषीण, कारु, यवस का प्रवेश।]

शकुंतला : दुष्यंत राजन्!

[दुष्यंत धर्मासन से उठकर खड़ा हो जाता है। शकुंतला को चौंककर देखता है। फिर सर्वदमन को।]

दुष्यंत : कौन हैं आप भद्रे?...कहाँ से आना हुआ?

शकुंतला : तो पिता ने सत्य कहा था...मैं ही भोली थी, जो विश्वास कर रही थी...

यवस : महाराज, हम लोग द्वैतवन से आए हैं...

कारु : भूल गए राजा दुष्यंत! यह हमारी मुखिया हमारी ग्रामणी शकुंतला है...बारह वर्ष हो गए, आप ने इससे गांधर्व विवाह किया था और वचन दिया था कि इससे जो बेटा होगा, वह इस देश का राजा होगा...

सुनास : अरे पकड़ो इस असभ्य मूर्ख वनवासी को!...और यह कौन स्त्री है?...हमारे महाराज पर ऐसा लांछन लगा रही है...!!

परिघ, तोरण, अर्गला : कौन है यह? यह ऐसा कैसे कह सकती है?

वसुमती : यह धर्मसभा है...यहाँ चोरों, तस्करों को दंड दिया जाता है...महाराज मैं आपकी पट्टमहिषी हस्तिनापुर की साम्राज्ञी... अनुरोध करती हूँ कि इस स्त्री को और इसके साथियों को

बंदी बनाकर कारागार में डाल दें...इसने मेरे पति और हस्तिनापुर के सम्राट् का अपमान किया है...

दुष्यंत : मैंने वचन दिया था ?...स्त्री, तुम झूठ बोल रही हो...तुम्हारा मेरे साथ कभी कोई संसर्ग नहीं हुआ...

शकुंतला : तुम्हारी आँखों में मेरी स्मृति है, मन में मेरी पहचान है और वचन में यह झूठा अभिमान! राजा! तुम इतने वंचक होकर इस सिंहासन पर बैठे हो जिसे ये लोग धर्मासन कहते हैं! क्या झूठे और धोखेबाज ही इस आसन पर बैठा करते हैं तुम्हारे राज्य में ?

पुरोहित : अरे रोको इस स्त्री को! यह धर्म का अपमान कर रही है... धर्मावतार, सत्यवादी, न्यायप्रिय महाराज पर इस तरह मिथ्या आरोप लगा रही है...

दुष्यंत : मेरा मन निर्मल है, मैं असत्य नहीं बोलता...तुझ जैसी निकृष्ट स्त्री से मैं क्यों सम्बन्ध बनाऊँगा ?...क्या साक्ष्य है तेरे पास कि मैं कभी तुझ से मिला भी हूँ ?

शकुंतला : मेरे साक्षी हैं वन के हरिण, जिनके साथ मुझे बातें करते देखकर तू चकित हो जाता था, वन के वृक्ष जिनकी छाया में तू मेरे अंक में माथ रखकर सोया...साक्षी हैं सूनरी, चित्रा, वाजिनी...

दुष्यंत : देखो-देखो क्या-क्या नाम गिना रही है...कौन हैं ये सूनरी, चित्रा, वाजिनी ?

शकुंतला : ये हमारे आश्रम की गाएँ हैं...

दुष्यंत : *(फिक्क से हँसकर)* गाएँ...तो क्या अब गाएँ आकर साक्ष्य देंगी ?

शकुंतला : राजा, आश्रम की इस अग्नि का ध्यान कर हवनशाला में जलती अग्नि जिसे साक्षी बनाकर तूने मुझ से गांधर्व विवाह किया...फिर मेरे अंक से धान खाते हरिण से जब मैं बात करती थी, तो तू चकित होकर सुनता रह जाता था...मैंने बताया था कि मैं विश्वामित्र की बेटी हूँ, गीधों ने मेरी रक्षा की थी!

दुष्यंत : लो और सुन लो इनकी बातें...नरभक्षी गीध रक्षा करते रहे इसकी!

वसुमती : यह गिद्धदृष्टि लगाए हुए है इतने वर्षों से हमारे राज्य पर! यह हमारी शत्रु है...

शकुंतला : फिर पिता कण्व मुझे उठाकर लेकर आए...

दुष्यंत : क्या कल्पना है...एक उन्मत्त का प्रलाप...आप लोग सोचिए, ऐसा हो सकता है कि कोई हरिणों से, वृक्षों से बात करे...

सुनास : मैं समझता हूँ यह कोई लंपट स्त्री है...

दुष्यंत : इतना बड़ा लड़का साथ में, पता नहीं किसकी संतान है यह...

शकुंतला : यह सर्वदमन है। यह तेरा पुत्र है राजा...तू कहता था कि मनुष्य का अर्धांग होती है पत्नी...गांधर्व विवाह करते समय तूने कहा था...

दुष्यंत : *(हँसकर)* देखो-देखो...क्या-क्या बातें बना रही है यह...! मनगढ़ंत कथा कपोलकल्पना...उसको सत्य साबित करने के लिए और दस झूठ, तरह-तरह के झूठ।

शकुंतला : राजा, तू चोर और अन्यायी है...तू अपने मन से पूछ।

दुष्यंत : मैं इसे नहीं पहचानता...यदि यह मेरा बेटा था तो इसे अब लेकर क्यों आ रही है तू...मेनका तेरी माँ थी, वह भी ऐसी ही कुलटा रही होगी जैसी कि तू है...विश्वामित्र और कण्व से अपना सम्बन्ध तू जोड़ रही है...उनको पिता बता रही है!!

शकुंतला : रात्रि, दिन, सूर्य और चंद्रमा—ये साक्षी हैं मेरे सत्य के, सुनो कुरुकुल के नरेश! तुम्हारा राज्य विनाश के कगार पर खड़ा है, मैं जाती हूँ अपने बेटे को लेकर, मैं इसे संसार का सबसे बड़ा धनुर्धर बनाऊँगी, यह तेरे सिंहासन को हिला देगा, साम्राज्य को चकनाचूर कर देगा...बाद में तू पछताएगा...

विकर्ण : महाराज, देवी शकुंतला यदि यहाँ से चली गईं तो अनर्थ होगा, आप नहीं जानते इसकी शक्ति को...

सुनास : क्या कह रहे हो मंत्री विकर्ण! हम लोग जानते हैं तुम पहले से ही इन लोगों के षड्यंत्र में सम्मिलित हो...मैंने महारानी और महाराज को सावधान भी कर दिया था...तुम्हें तो कारागार में डाल दिया जाना चाहिए था...पता नहीं महाराज क्यों तुम्हारे प्रति सदय बने रहे!

देवरात : ये वनग्राम के लोग सदैव सद्धर्म के विकास में बाधक रहे हैं, महाराज, आप इस स्त्री और इसके सहायकों को बंदी बना लीजिए...

[सर्वदमन झपटकर मंत्री सुनास और देवरात को दबोच लेता है।]

दोनों : *(घुटी आवाज में)* अरे छोड़ो-छोड़ो, यह क्या करते हो... महाराज, बचाइए इस बालक से, बालक नहीं इसमें तो आसुरी शक्ति है यह हमारा गला घोंटकर रख देगा...

सर्वदमन : यह अर्धचंद्र की मुद्रा है...इससे मैं दो लोगों को एकसाथ दबोच सकता हूँ...

शकुंतला : सर्वदमन? उन लोगों को छोड़ दे...हमारा वैर उनसे नहीं...इन से लड़ने की तुझे आवश्यकता नहीं...ये तो क्षुद्र कीट हैं, ये उस दानव के अंग हैं, जिसका नाम है हस्तिनापुर। चल तुझे अब बड़े युद्ध की तैयारी करनी है...यह युद्ध हस्तिनापुर के राजा से होगा...अभी नहीं बाद में...

सर्वदमन : बाद में क्यों माँ, अभी यहीं निर्णय होगा...मैं युद्ध अभी यहीं करूँगा। मैं इसे द्वंद्व युद्ध के लिए चुनौती देता हूँ... महाराज दुष्यंत!—या तो तुम मेरे पिता हो या शत्रु...तुमने कहा कि तुम मेरे पिता नहीं...तो तुम मुझ से द्वंद्व युद्ध करो...या तो तुम रहोगे या मैं! अब इस धरा धाम पर दोनों नहीं रह सकते...

[दुष्यंत अचकचाकर सर्वदमन को देखता है।]

दुष्यंत : यह कैसा बालक है? इसे ऐसी भाषा किसने सिखाई है,

नहीं, ऐसा नहीं हो सकता...तुम ऐसा नहीं कर सकते...ऐसा कैसे हो सकता है कि या तो मैं रहूँ या तुम रहो...तुम मेरे बेटे हो...तो हम दोनों रहेंगे।

देवरात : लगता है यह सभागार हिल रहा है...

दुष्यंत : मुझे लगता है मेरा सिंहासन डोल रहा है!!

[हड़बड़ाई प्रतीहारी का प्रवेश।]

प्रतीहारी : महाराज, विशालकाय पक्षी है, राजप्रासाद के ऊपर मँडरा रहे हैं...हस्तिनापुर में आतंक फैल गया है महाराज!

दुष्यंत : पक्षी... ?

प्रतीहारी : तीन पक्षी हैं...लोग कह रहे हैं कि विष्णु के वाहन गरुड़ स्वयं आ गए हैं...

शकुंतला : वे मेरे रक्षक हैं...जब-जब मुझ पर संकट आता है वे आते हैं...पर अब हम अपनी रक्षा करना भी सीख गए हैं...मैं अभी भी तीर चला सकती हूँ, मेरा बेटा युद्ध कर सकता है...माषीण, यवस और कारु अपने अस्त्र उठा लो!!

दुष्यंत : नहीं, नहीं, रुक जाओ! रानी वसुमती, मंत्री सुनास और विकर्ण सुनिए आप लोग...मैं स्वीकार करता हूँ...यह मेरी पत्नी है...सर्वदमन मेरे बेटे...मैं तुम से द्वंद्व युद्ध नहीं कर सकता, क्योंकि तुम मेरे बेटे हो...स्वीकार किया मैंने...मैं तो यों ही परीक्षा ले रहा था...ताकि ये लोग भी जान लें कि पुरुवंश का रक्त कितना तेजस्वी है...

सर्वदमन : और मेरी माँ के लिए तुमने जो अनर्गल बातें कहीं...क्या वे भी परीक्षा लेने के लिए? मैं कैसे भूल पाऊँगा वह सब, जो तुमने कहा...

दुष्यंत : मेरी भूल थी वह, मैं भटक गया था! अपनी भूल का प्रायश्चित्त करूँगा...अब मुझे एक-एक कर स्मरण आ रही हैं वे सब बातें जो शकुंतला ने कही थीं...

शकुंतला : राजन्, तुम्हारी यह भूल एक शूल की तरह चुभती रहेगी मेरे मन में...

[गरुड़, संपाति और जटायु का प्रवेश]

गरुड़ : बेटी शकुंतला, तू हमारे कहने से अपने मन का यह शूल निकाल दे...दुष्यंत ने भूल की, क्यों कि वह मनुष्य है, मनुष्य भूल करता है, लड़खड़ाता है, गिरता है और सँभलता भी है...

संपाति : भूल जाता है मनुष्य, पर फिर याद कर लेता है...यह स्मृति और विस्मृति का जो चक्र है, इसमें हम सब मनुष्य के संगी हैं। क्यों कि मनुष्य में एक बड़ी बात है...वह भविष्य को भी देखता है, हमारी तरह केवल अतीत और वर्तमान को नहीं...

जटायु : शकुंतला! तू अभी भी उतनी ही सुंदर है, जितनी जन्म लेने के समय थी...उस समय जब हमने तुझ पर छाया की थी अपने पंखों से...हम तेरा अतीत हैं, राजा दुष्यंत तेरा वर्तमान है...और भविष्य है यह भरत जिसे तुम लोग सर्वदमन कहते हो...हम सब इस कालचक्र में साथ-साथ हैं...

समूहगान :

गाथा एक प्रेम की, संघर्षों में जो बड़ी हुई है
जन-जन के संकल्पों की छाया में जो पली हुई है
नित्य नई बनने वाली परंपरा की और प्रथा की
यह है आस और विश्वासों की, साँसों में बसी व्यथा की
कथा शकुंतला की...

❂❂❂